现代企业精细化管理与经营实战丛书

品牌营销

中小企业品牌建设与运营攻略

李派克 著

化学工业出版社

·北京·

内容简介

对于企业而言,品牌是极具价值的无形资产,好的品牌总会与消费者建立强大的情感和亲密关系。因此,企业经营者必须要有品牌营销的意识,无论做什么产品,先打造一个响当当的品牌,这是现代企业营销管理的一个重要体现。

本书围绕品牌打造与营销推广这一主题,总结出了20条品牌营销策略。全书分为20章,每一章讲解一个策略,涉及的品牌打造与营销策略包括理念营销策略、价值营销策略、市场领先策略、利基营销策略、聚焦概念策略、市场细分策略、消费者细分策略、服务营销策略、优势营销策略、共生营销策略、多样化营销策略、社群营销策略、渠道整合策略、粉丝营销策略、参与式营销策略、体验营销策略、文化营销策略、危机营销策略、视频营销策略、直播带货策略。

图书在版编目(CIP)数据

品牌营销:中小企业品牌建设与运营攻略/李派克著. — 北京:化学工业出版社,2022.1
(现代企业精细化管理与经营实战丛书)
ISBN 978-7-122-40031-4

Ⅰ.①品… Ⅱ.①李… Ⅲ.①中小企业－品牌营销－研究－中国 Ⅳ.①F279.243

中国版本图书馆CIP数据核字(2021)第201546号

责任编辑:卢萌萌	加工编辑:李 曦	美术编辑:王晓宇
责任校对:刘 颖		装帧设计:水长流文化

出版发行:化学工业出版社(北京市东城区青年湖南街13号 邮政编码100011)
印　　装:北京新华印刷有限公司
880mm×1230mm 1/32 印张8 字数164千字 2022年7月北京第1版第1次印刷

购书咨询:010-64518888　　　　　　　　售后服务:010-64518899
网　　址:http://www.cip.com.cn
凡购买本书,如有缺损质量问题,本社销售中心负责调换。

定　价:49.00元　　　　　　　　　　　　　　　版权所有　违者必究

前　言

营销的精髓是品牌营销,品牌打造是营销策略的核心,因此,做营销工作必须把品牌营销放在首位。即使是一家初创公司,在开始设计具体的营销战略、策略以及具体的方法之前,也必须明确定义品牌的身份。

品牌被认为是一个企业的无形资产,是使企业屹立于市场,保持旺盛竞争力的内在力量,更是做好产品营销、品牌传播、市场开辟的核心所在。任何营销都离不开品牌的支撑,宜家家居、江小白、盒马鲜生、三只松鼠、苹果手机、小米手机、可口可乐、采乐这些品牌为什么会受到消费者的青睐,核心就在于抓住了品牌营销这一最主要的部分,以品牌价值和知名度带动营销。

一个人要活出精气神,对企业来讲,也要活出精气神。而促使企业焕发出不一样精气神的力量就是品牌。所谓品牌是指用抽象化的、特有的、能识别的概念来表现企业差异性,从而使其在人们的意识当中占据一定位置的综合反映。品牌力量是非常大的,具有良好品牌的企业会在竞争中占据巨大优势,会在企业和消费者之间建立起强大的情感联系。因此,企业经营者必须要有品牌意识，无论做什么营销，都要着眼于品牌的打造和维护。

本书是作者多年的工作经验和实践成果的总结，凝聚了作者10多年的实战经验，同时紧密结合营销新形势和发展新要求，选取国内外企业品牌营销经典案例，总结出了多条与提升品牌知名度有关的营销策略。全书20章，紧紧围绕品牌的打造与营销推广展开。每一章讲一个策略，分别为理念营销策略、价值营销策略、市场领先策略、利基营销策略、聚焦概念策略、市场细分策略、消费者细分策略、服务营销策略、优势营销策略、共生营销策略、多样化营销策略、社群营销策略、渠道整合策略、粉丝营销策略、参与式营销策略、体验营销策略、文化营销策略、危机营销策略、视频营销策略、直播带货策略。

本书语言通俗易懂，脉络清晰，行文流畅，按照由浅入深、由表及里、由简到繁的思路，循序渐进地介绍。同时，结合实例进行生动而细致的分析，专业知识简单化，高深知识浅显化，让读者容易阅读和理解。特别适合企业管理人员、品牌策划人员、品牌经理等人群阅读。

由于时间及水平所限，本书不足及疏漏之处在所难免，恳请广大读者批评指正。

目 录

第1章 理念营销策略：
品牌营销核心是理念之争

案例导读：宜家家居 …… 002
1.1 品牌营销本质是理念之争 …… 003
1.2 名牌最爱打的3种主流理念 …… 004
1.3 营造品牌理念的2个关键点 …… 006
1.4 营造品牌理念的4个方面 …… 010

第2章 价值营销策略：
价值是品牌竞争的"生命线"

案例导读：江小白 …… 014
2.1 价格竞争永远服务于价值竞争 …… 015
2.2 如何将品牌价值最大化 …… 017
2.3 品牌价值得到认可的5大方法 …… 018
2.4 提升品牌价值的6个技巧 …… 021

第3章 市场领先策略：
取得市场领先，抢占竞争主动权

案例导读：盒马鲜生 …… 025
3.1 市场领先远比品质领先更重要 …… 026
3.2 市场领先的含义 …… 027
3.3 抢占市场的步骤 …… 029
3.4 无法做第一，就要做唯一 …… 030

第4章 利基营销策略：
通过专业化经营以弱搏强脱颖而出

案例导读：维珍移动	033
4.1 利基营销的概念和意义	034
4.2 利基营销的竞争优势	036
4.3 理想利基市场的5个条件	037
4.4 如何捕捉利基市场中的机会	040
4.5 巩固利基市场的2大方法	042

第5章 聚焦概念策略：
为品牌注入概念，抢占消费者心智资源

案例导读：脑白金	047
5.1 好的品牌都善于营造概念	048
5.2 营造品牌概念应抓的5个方面	050
5.3 让概念独特化的3个方法	053
5.4 营造品牌概念的注意事项	055

第6章 市场细分策略：
不断细分，寻找最有机会的小众市场

案例导读：宝洁	059
6.1 任何产品都无法满足所有需求	060
6.2 营销必须建立在细分市场的基础上	061
6.3 寻找细分市场的3大方法	063
6.4 细分市场要根植于潜在需求	065

第7章 消费者细分策略：
消费者越细分需求越大

案例导读：全聚德	068
7.1 消费者细分的3大意义	069

7.2 对消费者进行细分的方法　　071
7.3 围绕核心消费者集中营销　　074
7.4 做消费者细分时的注意事项　　078

第8章 服务营销策略：
完善售前、售中、售后全程服务体系，打造服务机制

案例导读：IBM（中国）　　081
8.1 没有服务力就没有品牌力　　082
8.2 全程服务，售前、售中、售后　　083
8.3 全员服务，人人都是服务人员　　086
8.4 一站式服务，彻底解决后顾之忧　　090

第9章 优势营销策略：
只有让消费者看到优势，才能被折服

案例导读：乐百氏　　094
9.1 制订营销计划书　　095
9.2 蓝契斯特法则：如何判断竞争对手　　097
9.3 优势营销战：集中化战略　　100
9.4 优势营销战：侧翼进攻法　　103

第10章 共生营销策略：
共生是品牌未来生存与发展的必然

案例导读：王老吉　　106
10.1 共生营销给企业带来的变化　　107
10.2 共享销售渠道　　110
10.3 联合促销联姻　　112
10.4 共享客户资源　　114

第11章 多样化营销策略：
品牌多样化扩大营销盈利空间

案例导读：喜之郎　　　　　　　　　　　　118
11.1 品牌扩展是营销工作的一部分　　　　119
11.2 品牌扩展的3种类型　　　　　　　　122
11.3 品牌扩展应坚持的原则　　　　　　　126
11.4 谨防陷入品牌扩展的陷阱　　　　　　127

第12章 社群营销策略：
做线上营销必须构建社群

案例导读：知味葡萄酒杂志　　　　　　　131
12.1 社群营销的概念和特点　　　　　　　132
12.2 社群和社群经济　　　　　　　　　　134
12.3 社群营销的4个必要条件　　　　　　136
12.4 为社群贴上个性标签　　　　　　　　139

第13章 渠道整合策略：
整合资源，打造畅通无阻的营销渠道

案例导读：中国移动　　　　　　　　　　143
13.1 渠道"直连"企业和客户　　　　　　144
13.2 新形势下营销渠道的新特点　　　　　146
13.3 打通连接上下游的垂直渠道　　　　　149
13.4 渠道营销实施步骤　　　　　　　　　151

第14章 粉丝营销策略：
为品牌营销打造好口碑

案例导读：苹果手机　　　　　　　　　　155
14.1 粉丝是品牌营销的基础　　　　　　　156

14.2 粉丝都有特定的需求 158
14.3 如何营造良好的粉丝口碑 160
14.4 建立完善的粉丝反馈机制 165
14.5 口碑宣传：零号媒介魅力所在 171

第15章 参与式营销策略：
鼓励更多粉丝参与进来

案例导读：小米手机 175
15.1 参与式营销的概念和特点 177
15.2 打造参与式营销的4个方面 179
15.3 进行参与式营销的3大模式 185

第16章 体验营销策略：
充分调动消费者的感情、感觉、感知

案例导读：云燕安家 189
16.1 悄然而至的体验经济时代 190
16.2 打造用户体验的5种方法 192
16.3 构建用户体验的底层逻辑 195
16.4 创造令消费者惊喜的体验 197

第17章 文化营销策略：
好品牌都有深厚文化底蕴做支撑

案例导读：三只松鼠 200
17.1 文化是企业中不可或缺的资源 201
17.2 文化营销成为品牌营销新利器 204
17.3 铸造企业文化营销力 207
17.4 做文化营销时常犯的错误 209

第18章 危机营销策略：
很多机会往往就潜伏在危机之中

案例导读：星巴克　　　　　　　　　　212
18.1 危机营销：不要浪费一场"好"危机　　213
18.2 化解危机、转危为安的技巧　　　　215
18.3 制订预案：根据危机性质制订精确预案　　219
18.4 善于公关：危机发生需要做好公关工作　　223

第19章 视频营销策略：
将品牌打造成超级"网红"

案例导读：优酷土豆　　　　　　　　　227
19.1 视频营销，助力品牌上头条　　　　228
19.2 视频营销的3个优势　　　　　　　231
19.3 常用的视频营销平台　　　　　　　233

第20章 直播带货策略：
直播将成为品牌营销标配

案例导读：蘑菇街　　　　　　　　　　236
20.1 直播带货大势所趋　　　　　　　　237
20.2 直播下的流量效应　　　　　　　　240
20.3 更容易抓取目标受众　　　　　　　243
20.4 互动性强，用户黏性高　　　　　　245

第1章

理念营销策略：

品牌营销核心是理念之争

案例导读：宜家家居

宜家家居是一家全球知名的家具零售商，然而在大众认知中，它已不仅仅是一个出售家具的销售商，它还在贩卖一种生活方式，让消费者坚定地认为"健康"的生活方式。

那么，宜家是如何将品牌变成生活方式的呢？这与其创始人英格瓦·坎普拉德的信仰有关。1976年，英格瓦·坎普拉德写了《一个家具商的信仰》一书。在书中，他一再重申：为大多数人创造美好生活的一部分，包含着打破地位和传统的局限而成为更自由的人。要做到这一点，我们不得不与众不同。即使在20世纪90年代，宜家加快向全球发展的步伐时，它也力求保持自己原汁原味的企业文化。

因此，宜家的品牌理念自成立时就已形成，同时，又在几十年的发展过程中不断得到强化，以至于现在全球任何一个分销售商都坚信这种理念：不仅向消费者提供美观、实用的家具，而且要符合大多数消费者的消费水平，提升最广大消费者的生活质量。

宜家家居有了这样的品牌理念支撑，争取到了最大的消费群体——中产阶级。这也是宜家总能牢牢抓住绝大多数消费者，并享有如此高声誉的原因。由此可见，一个品牌要想在市场中立于不败之地，一定要强调品牌传递的理念，并将其融入品牌营销中。品牌传递的理念与消费者的人生观、价值观一致，就能得到他们的支持和认可。

第1章 理念营销策略：品牌营销核心是理念之争

1.1 品牌营销本质是理念之争

每个品牌都有自己的理念，这往往是伴随着品牌建立而形成的。因此，进行品牌营销首先要融入品牌理念，让理念随着品牌营销传播出去。

品牌理念传播是品牌营销中非常重要的内容。所谓理念传播，是指企业将品牌蕴含的文化、价值观、消费理念等传递给消费者，并想办法让他们接受的过程。

理念的力量是巨大的，一种理念一旦深入人的心中，就会产生与之高度匹配的行为。当消费者接受了品牌的理念，就会对企业和产品产生好感，进而形成忠诚度。

例如，脑白金传播的是养生理念，五谷道场传播的是原生态理念，金龙鱼传播的是温情理念，如图1-1所示。

图1-1 营造理念示意图

品牌理念可以进一步塑造品牌形象，这样一来，当大众提到某种理念，或健康，或养生，或温情时，首先想到的是与之对应的品牌，从而产生购买心理，而且极有可能成为忠实的消费者。

一个消费者之所以高度认可某个品牌，愿意购买某种产品，是因为有了喜欢消费该品牌的意识。反之，消费者对品牌没有确切的理念，就不会对品牌有想法，更不会购买。

如何让品牌在消费者心中形成和企业一样的理念，就是先把品牌的信息传递给消费者，当品牌的信息先后清晰地传达给消费者，消费者会在大脑里自动整合这些信息，把所看到的信息与某种理念相对应，当这种理念和消费者的理念一致，那么消费者就会被品牌吸引。

1.2 名牌最爱打的3种主流理念

然而，品牌理念的营造并不是一件简单的事，那应该营造哪些理念呢？根据当前的社会主流需求，主要有以下三种理念，如图1-2所示。

图1-2 品牌最爱打的三种主流理念

（1）亲情理念

亲情是很多品牌最爱打的一张理念牌，从20世纪开始，因为生产力的加大，品牌数量的增多，市场现状发生了转变，从消费者需要企业的品牌变成企业的品牌需要消费者。消费者成为企业的生存核心，消费者在一家企业中占据了非常重要的位置，企业对消费者的态度也发生了改变。企业的品牌想要市场，就必须满足消费者的需求。

在满足消费者的需求中，有一点就是满足消费者的情感需求。如果营销人员只是将消费者看成消费者，服务态度虽谦和却明显带着距离，会让消费者感觉是在刻意迎合，显然不能满足消费者的情感需求。所以为了满足消费者的情感需求，建立亲情营销理念势在必行。

亲情营销要求营销人员将消费者当成自己的朋友或者亲人，而不是消费者。与消费者交流会有生疏感，而和亲人或者朋友交流就会让人感觉十分亲切。这样就可以拉近消费者和营销人员之间的距离，满足消费者的情感需求，提高消费者的满意度，从而提高成交量。从专业的角度来讲，企业的行为被称为员工用感情投资来交换消费者的货币投资。

（2）知识理念

当今时代不仅是科技和生产力发展的时代，也是知识和经济的时代。科技和生产力的发展促进经济的发展，而一切的发展都离不开知识的发展。

一家企业的营销理念直接关系着企业的发展。纵观一些知名企业的发展历程，不难发现，企业需要建立知识营销理念。

知识营销理念就是将所学的知识运用到营销之中。知识营销中应注重知识、信息和智慧的应用。知识就是力量，通过知识、信息和智慧这三者应用的结合可以在抢占市场方面节省许多精力，这可以说是一条巧妙的营销捷径。

（3）绿色理念

如果一家企业能够建立绿色的营销理念，并且在品牌的生产和营销过程中展现自身的绿色营销理念，那么就能够让消费者体会到企业的社会责任感。

绿色营销理念意味着企业在发展的过程中注重环保，品牌多数为绿色品牌，生产过程中尽量减少对环境的污染，营销上也尽量节约资源，这些都可以使消费者对企业产生好感。

虽然绿色环保通常不是一个品牌的核心内容，但是也可以作为一个品牌的优点来宣传。绿色环保并不容易被企业关注到，可以说是一个细节，但对于竞争激烈的行业来说，细节可以决定成败，一个小小的细节可能就会改变一家企业的命运。

如今，各种新颖的品牌营销理念层出不穷，许多企业和品牌都将营销理念这一新鲜的血液注入企业之中，作为品牌发展的导向。而许多品牌虽然有新鲜的血液，但是发展仍然不顺利，不管是市场的扩大、品牌的影响还是同行业的竞争力都没有得到显著的提高，原因就在于这些企业只进行了营销理念的更新，而没有更新营销策略。

1.3　营造品牌理念的2个关键点

营造品牌理念的难点在于如何在消费者心中营造一个鲜明的"概念"。为了更好地解决这个问题，我们先看一下概念营销的定义："依托某种有形或无形的产品，借助现代传媒技术，将一种新的消费概念向消费者宣传推广，赋予企业或产品以丰富的想象内涵或特定的品位。"

因此，我们大致可以总结出营造品牌理念的两个关键点：一是以有形或无形的产品为前提；二是拥有一定的传播媒介和技术。

接下来将围绕这两点进行详细阐述。

（1）以有形或无形的产品为前提

所谓的以"有形或无形的产品为前提"，就是要求紧紧围绕产品本身展开，如产品的功能、特色、形象、服务等，具体案例如图1-3所示。

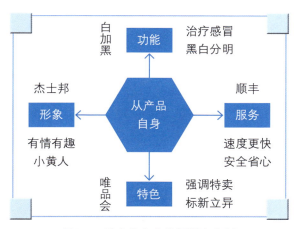

图1-3 从产品自身挖掘概念案例

（2）拥有一定的传播媒介和技术

传播媒介，也被称为传播渠道、信道、传播工具等，是品牌传播和产品营销的载体。传播媒介是营销的必要条件，没有这些媒介，品牌、产品信息就无法扩散出去，被更多的消费者所认识。

传播媒介可分为两大类：传统媒介和新媒体。传统媒介包括报纸、杂志、电视、广播等四大类；新媒体包括微信、微博、社交平台,以及数字产品、无线网络等。

尤其是在移动互联网高度发达的今天,自媒体成为品牌传播的主要媒介。

在自媒体时代,每个人都可以成为一个渠道,且相互之间可畅通无阻地分享,如图1-4所示。这是互联网时代口碑营销的最大特点。

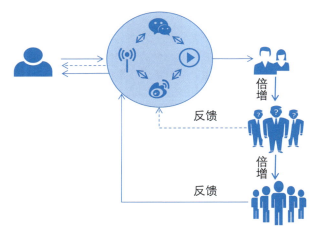

图1-4　自媒体传播媒介的传播形式

在传统营销中,传播者、消费者、传播媒介之间界限十分明确,即某一信息由传播者发出,通过媒介的传播才能到达消费者手中,这是一个相对稳固的链条。而在自媒体时代,传播者、消费者、传播媒介三者的界限日趋模糊,一个人既可以是信息的传播者,也可以是消费者,而传播媒介受众已成为全新消费者,具有主动的、迁移的特点,如微信、微博,以及各大社交平台都是互通、开放的。

同时也要注意，在今天这个信息爆炸、媒体多样化的时代，消费者对所谓的口碑具有极强的免疫力，对于没有创意的口碑充耳不闻，视而不见。因此，企业策划者需要制造新颖的口碑传播，以吸引大众的关注。

新媒体的兴起对传统媒介的冲击非常大，这也使大部分企业纷纷转向了新媒体。但我们也不能否定传统媒介的作用，尽管传统媒介在传播速度、传播范围上劣势很明显，但由于其稳定性较强，仍拥有一大部分中老年客户资源，只要善于创新，同样可取得很好的宣传效果。

案例

碧桂园在广州的一个楼盘久久打不开销量，后来这家公司的老板就想了一个主意：利用报纸宣传。

他在《南方日报》上登广告，而且利用得很巧妙，他在整个版面只打了五个大字："寻找碧桂园！"这五个大字给人强烈的视觉震撼。

报纸出版后，买报纸的人都能第一时间注意到这五个大字，但不知道到底什么是碧桂园。很多人都在想：碧桂园是什么？过了几天，他又在《南方日报》上登了一整版："有人发现了碧桂园！"这下，引起了读者更大的好奇：碧桂园是什么？这个大大的问题悬而未决，甚至有人打电话到报社咨询。

又过了几天，同样的报纸，同样是一整版广告："碧桂园是你安在广州的家！"

人们这才恍然大悟,"碧桂园"原来是一个新建小区,由于连续三版宣传这一房产,很多人都在关注它。当知道碧桂园原来是一个新建小区时,已经激发起来的好奇心使得人们忍不住前去咨询。很快,这些房子有了客源,消费者在了解之后决定购买。

上述案例中碧桂园就很好地利用了传统媒介——报纸,顺利打开了销路。值得注意的是,在利用媒体时要懂得运用一些技巧,毕竟在这个信息爆炸的时代,传播信息的渠道越来越多,人们每天接收的信息量越来越大,如果你的信息没有点新意,或者无法立刻引起人们的关注,就会淹没在信息浪潮中。

1.4 营造品牌理念的4个方面

大脑是依靠意识去决定的,消费者对品牌的理解取决于品牌传递出来的信息,一个品牌的理念会向消费者传递很多信息。例如,视觉上,品牌的外观设计可以折射出企业的一种理念;听觉上,品牌的声音会反映出企业的一种理念;触觉上,品牌的触感会带给消费者企业生产的一种理念。

综上所述,营造品牌理念时可以从以下四个方面入手,如图1-5所示。

| 体现品牌的 | 设计一个漂 | 起一个好听 | 时刻体现消 |
| 核心价值 | 亮的外观 | 的名字 | 费者需求 |

图1-5 营造品牌理念的四个方面

（1）体现品牌的核心价值

一种号称能包治百病的药，给患者的第一感觉是：这的确很完美。但实际上一开始也许有人相信，如果久久达不到预期效果就会令人起疑，甚至会把仅有的一点疗效也抹杀掉。

很多企业就犯了这样的错误，把自己的品牌说得十分完美，高端大气上档次，价格还十分合理，这个功能比别人强，那个也不差。

任何事物都有所长，有所短，品牌也是，都有自身的核心价值，不可能同时具备所有的优点，当你试图把所有的优点集于某一品牌时，往往会引起客户的怀疑。以当前的药品市场为例，很多商家都大肆宣传自己的药品，明明是降压药，偏偏成了"治三高"的全能药，简单的感冒药竟能包治百病，可说得天花乱坠反而药品疗效不佳。

一个品牌之所以能区别于其他同类品牌，最根本的不同就是核心价值的不同。任何一个品牌都有自身的核心价值，这也是能打动客户的真正原因。通常，一个品牌的价值有很多，而核心价值往往只有一个，因此，如何准确定位品牌的核心价值成为推销的关键。

（2）设计一个漂亮的外观

每个人都希望买到好看的物品，这样不管是自己用还是送人都很体面。没有一个漂亮的外观，消费者买了也会后悔，认为企业没有审美观，从而留下不好的印象。品牌有一个漂亮的外观，就可以在消费者进入店面的第一时间吸引其注意力，给消费者留下一个深刻的印象。

调查显示，超过70%的消费者会根据品牌的外形设计和包装来选择品牌。

（3）起一个好听的名字

一个品牌不仅要有一个漂亮的外观，还要有一个好听的名字来映衬。一个好听的名字可以让消费者对品牌有更深的印象，赋予品牌更多的情感。漂亮的外观可以吸引消费者，一个好听的名字更可以吸引消费者。外观设计要等到消费者看到品牌才会被吸引，可是如果品牌有一个好听的名字，即使消费者没有见到品牌，听到名字就会被品牌吸引。

（4）时刻体现消费者需求

品牌的外观和名字虽然很重要，但是否能够满足消费者的需求更重要。品牌最能吸引消费者的就是需求，如果品牌能满足消费者的需求，那么消费者就会降低对品牌的外观和名字的期望，将注意力更多地放在需求上。时刻关注消费者的需求变化，并相应改变品牌，就可以不断提升消费者对品牌和企业的满意度。

科技的发展加速了品牌的生产，品牌从供不应求的状态变成了供过于求，所以消费者对品牌的要求也越来越高。品牌不仅要满足物质需求，还要满足精神需求。不断适应消费者的需求变化，和消费者的理念保持一致，才能有效占领市场份额。

第2章

价值营销策略：

价值是品牌竞争的"生命线"

案例导读：江小白

江小白是2012年由重庆一家名不见经传的企业创立的酒品牌，较之其他酒品牌，无疑是一个特殊的存在，可以说是异军突起，忽然就遍地开花，至少在四川地区是深受消费者青睐。

论历史底蕴，江小白几乎没有；论广告投入，也少得可怜，五粮液、红花郎，动辄三五亿的广告费；论渠道，也没有任何优势，优质渠道全部被对手拿下了专供。那么，江小白在这样的环境下如何逆袭？凭什么会在如此激烈的酒行业拥有一席之地？这与它的一种营销策略有关：价值营销。

许多学者认为，江小白不卖酒，卖的是85后、90后聚会的情绪和场景。江小白装什么不重要，"场景认知"对他们才是重要的。不妨来看几则江小白的广告文案。

"无畏的追梦人孤独出发，路途中有酒有你不孤单。"

"愿十年后我还给你倒酒，愿十年后我们还是老友。"

"胃总瞒不住对家里饭菜的想念，酒后才明白自己离家多远。"

江小白让人们知道，买酒还可以买情怀。在江小白之前，卖白酒是一件高大上的事情，进一步看，与同类品牌对比看江小白的情怀优势。

"劲酒好喝，可不要贪杯哟。"

"我是江小白，生活很简单。"

都是10个字，朗朗上口，简单明了，但劲酒是彰显产品质量，

> 江小白则是表达自我，追求个性为核心诉求。一个是产品哲学，一个是生活哲学。
>
> 改变营销认知就可以改变客户价值，而客户价值就是价值营销的核心。不可否认，互联网时代是粉丝经济，人们购买产品更注重精神与文化享受，这也是江小白的营销逻辑。江小白营销改变了客户的营销认知。

在新时代下，产品是载体，载体背后是营销场景，营销场景就是客户价值。互联网时代是多元的时代，一个品牌无论何时何地，它要具备三个基本的层面元素。

首先，物理层面元素。它指功能与性能。

其次，价值层面元素。它指特征与消费主张。

最后，体验层面元素。它指产品的文化内涵。

品牌没有价值，产品是没有意义的，只有让消费者看到品牌价值，产品才能成为爆品。这就是价值营销。价值营销的过程：产品研发（产品价值的内部交付）、选择价值（提取产品独特的价值主张）、实现价值（产品价值交付）、展示价值（产品价值案例）、传播价值（产品美誉度推广）、增加价值（把客户感受变成价值口碑）。价值营销的核心是客户价值，实现客户价值的根基是产品。

2.1 价格竞争永远服务于价值竞争

所有品牌都有其价格与价值，它们是不可分割的两部分。因此，在价值竞争上一般也有两种，一种是品牌价格竞争，另一种是品牌价值营销。

但价格永远服务于价值，价值决定价格，价格体现价值。任何行业都存在竞争，面对激烈的竞争有些企业最先想到的就是打价格战。其实，这是不明智的，更不能当作长期策略。当品牌自身在市场中没有优势，下调价格也只能是暂时缓解被动，并不会提升品牌竞争力。

价格的升降要根据价值而定，即使品牌自身价值固定，也可以扩展品牌价值。例如给品牌增加更多的服务、赠品，在质量上要求更好，这些都可以把品牌做得更好，都是品牌价格高、有价值的理由。

坚持品牌定位，做出品牌个性，始终如一地注重品牌质量，努力维护形象，企业就不会只能打价格战来销售品牌。

企业要想发展，就必须以消费者为中心，了解消费者，满足消费者，这样企业才会有收益，让消费者对企业忠诚。

在让消费者忠诚中，有一个名为顾客让渡价值的概念。顾客让渡价值，就是企业最大限度地将利润让给消费者。顾客让渡价值是通过顾客的总价值和给顾客花费的总成本计算出来的。顾客的总价值分为品牌的自身价值、企业给顾客提供的服务价值、参与服务的人员的价值、企业自身的形象价值四个部分。顾客的总成本分为花费的时间、体力、精神、货币四个方面。

让消费者购买到最有价值的品牌，就表明企业做到了顾客让渡价值。那么，如何做到顾客让渡价值，可以从以下三个方面入手。

① 提高品牌价值，例如给品牌的设计更加精致，服务更加周到，服务人员的素质更高、形象更好。

② 减少给消费者服务的时间，这样就是降低成本。

③ 降低品牌的价格。

经营企业要巧用战略，懂得变通，在品牌价值和成本上，提高品牌价值或者降低品牌成本，减少一方面，用另一方面来弥补。品牌的竞争，依靠的是价值，这样才能够在竞争中取得优势。

2.2 如何将品牌价值最大化

品牌的价值包括用户价值和自我价值两部分。品牌的功能、质量和价值是品牌的用户价值要素，即品牌的内在三要素；品牌的知名度、美誉度和普及度是品牌的自我价值要素，即品牌的外在三要素。品牌的用户价值大小取决于内在三要素，品牌的自我价值大小则取决于外在三要素。

提升品牌价值，重要的是要把功夫下到对的地方——品牌生产成本。很多企业在生产产品时，把主要成本用在品牌的研究和技术创新上，这是对的。高科技的投入可以极大地提升生产效率，降低生产成本。

同时，还有一点很重要，降低品牌出现问题的成本。未雨绸缪，在品牌出售之前就把可能出现的问题做出解决方案，或者把可能出现的问题提前做个预估，并针对每个问题制订一个解决方案，避免它发生。未雨绸缪同样需要成本，这就加大了品牌的价值。

品牌的价值不仅体现在品牌自身和服务上，只要是企业关于品牌所做的努力都是品牌具备的价值。消费者在购买产品时虽然购买的都是自认为值得该价格的品牌，不过在他们的内心深处还是希望品牌的价值能够超过他们所花的金钱。当品牌带给消费者的价值超过了他们的期望，那么消费者对企业和品牌就会有很大的满意度。

消费者购买商品有两个原因，一个是品牌具有极大的吸引力，能够让消费者做出消费的行为。另一个是消费者经过分析，确定品牌的顾客让渡价值大。

其中第二个原因最主要。大多数消费者看重自己的金钱，希望所花的每一笔钱都能满足自己的需求。理性消费和成熟消费是消费者消费的最大特点，同时不能够忽略品牌的吸引力。

在品牌生产中，企业要尤其注意品牌的顾客让渡价值，给消费者越大的顾客让渡价值，消费者就越容易对品牌心动。如果品牌很难有很大的顾客让渡价值，那么就要在品牌的设计上下功夫，以此吸引消费者的注意力。如果一个品牌没有吸引力，也没有较大的顾客让渡价值，那么消费者是不会被品牌吸引的。

不过，无论是哪一种生产策略，都要以企业经营作为基础，将消费者利益最大化，消费者就会成为品牌的忠实粉丝。

2.3　品牌价值得到认可的5大方法

为消费者创造价值，必须确定是消费者喜欢的、需要的，否则创造的就不是品牌的价值，只是给消费者多了一个抱怨的理由。企业创造价值要站在客观的角度。

企业营销的成败是由消费者决定的，消费者依据自己花的钱和交易的所有价值放在一起对比，当消费者感觉花的钱和自己得到的价值一样，就愿意购买该品牌，认为购买该品牌是值得的，当有很多消费者都认为值得的时候,品牌的营销就成功了;反之,品牌的营销就算失败。

分析成功品牌具有的共同点,不仅是创造品牌价值,生产品牌都是从消费者的角度出发。他们知道自己品牌的定位,自己品牌的消费者群,他们是什么样的人,有什么样的特点,会根据他们的需要去策划、设计、生产品牌。他们品牌的上市是众望所归,不仅满足了消费者的需求,也满足了消费者的愿望。他们的品牌,是消费者个性的反射,是消费者所向往的。

因为品牌的定位精准,在产品中的体现方式各有特色,能够一次又一次地刷新消费者的想法,吸引着消费者,让消费者心动。而消费者也一直关注企业的品牌动态,在他们看来,品牌就配得上这个价格,完全符合价值,不需要有任何附加价值,一个品牌就可满足他们的精神需求和物质需求。

有的企业在品牌基础上赠送了礼品,消费者都不满足,而有的企业什么都没赠送,价格又很高,消费者却愿意购买,这就是因为企业掌握了方法,让消费者无条件地对品牌产生认可。具体方法如图2-1所示。

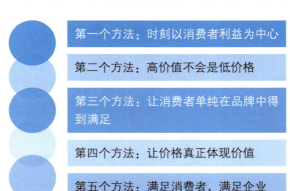

图2-1　品牌价值得到认可的五大方法

第一个方法：时刻以消费者利益为中心

应以消费者利益为中心，根据消费者的需求去生产品牌，把消费者的需求设计在品牌里面就是给品牌创造最大的价值，关注消费者的需求，关注品牌价值，营销就会变得简单。

第二个方法：高价值不会是低价格

让品牌体现全部的价值，企业应该对品牌自信，不要担心因为价格高而没有消费者会购买。有价值的品牌应该得到消费者的青睐和支持，如果企业底气不足，那么就等于告诉消费者，高价值的品牌可以有低价格，这是对品牌的侮辱，对品牌的自信也是品牌价值内容的一部分。

第三个方法：让消费者单纯在品牌中得到满足

产品生产之前就要将品牌定位好，产品为何生产，为谁生产，确定这一切就把产品的价值全部体现在品牌之中，让消费者对品牌满意，让消费者相信品牌的价格配得上价值，这样就不会讨价还价。

第四个方法：让价格真正体现价值

品牌的价值除了品牌本身，还包括和品牌相关的服务，在给品牌定价之前，先把品牌和与品牌相关的服务的价值算出来，再将企业的付出计算出来，最后定出品牌的价格。当品牌的总价值有了合理的价格，就不会对消费者做出让步。

第五个方法：满足消费者，满足企业

企业的经营要诚实，不仅是对消费者，也是对企业自己，企业的付出也是有价值的，企业给消费者同等价值的品牌，企业自身也应该满足自己的利益和情感需求。经营企业的最终目的就是企业和

消费者共赢，各自得到自己需要的。

消费者判断品牌的价值是多方面的，企业在创造品牌价值的时候也要从多方面入手，给消费者更多的方向感知，让不同的消费者，从不同的角度出发，都能感受到品牌的价值。

2.4 提升品牌价值的6个技巧

很多品牌虽然有附加价值，但是很多消费者都认为是理所应当的，这是因为企业只是把附加品牌提供给消费者，并没有让消费者感受到品牌的附加价值。企业以消费者为中心，为了消费者的满意生产产品，如果生产的产品没有让消费者满意，那么就失去了意义。因此，不管是卖给消费者的产品品牌，赠送给消费者的产品品牌，还是向消费者提供的相关服务，都要创造出价值来，这样才能让消费者感受到价值。

通过如图2-2所示的六个技巧可以提升品牌的价值。

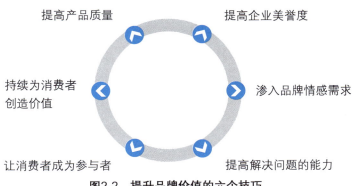

图2-2 提升品牌价值的六个技巧

（1）提高产品质量

企业发展品牌，不能抱有任何的幻想，必须严格控制产品质量。企业发出去的使用说明书都不能有丝毫的疏忽，一旦出现质量问题应主动召回，重视企业的信誉，严格要求质量能够帮助企业增加附加价值。

（2）提高企业美誉度

消费者能够成为企业的忠实粉丝，不是因为产品便宜，不是因为商超距离自己家近，也不是因为品牌好看，而是因为消费者相信品牌，看到了企业在经营中的真诚、良心。没有消费者的信任，任何营销效益都是短暂的，有消费者的信任就是企业最可靠的、最有优越感的自信，也是最大的附加价值。

（3）渗入品牌情感需求

消费者是贪心的，不仅希望产品能够满足自身的物质需求，而且希望产品的品牌能够满足他们的情感需求，对他们的生活产生一定的正面影响。例如，看见品牌让他们的心情更加愉快，让他们的工作更有效率，让他们的生活更加精致，让他们的身体更加健康。有这些价值，消费者就会感到很值得。

（4）提高解决问题的能力

在做品牌营销时，企业不能把营销作为唯一的目的，而是要重在解决问题。帮助消费者发现在理解产品、使用产品中遇到的问题，并实实在在地为消费者解决问题，让他们知道企业是真心为他们服务的。这样就会形成一种良性循环，当消费者有需求时就会自动自觉地购买你的产品，甚至向身边的人推荐。提高解决问题的能力，不但可以为消费者提供良好的服务，还可以反过来带动产品销售。

（5）让消费者成为参与者

只有在参与中消费者才能真实地感受品牌，感受企业的态度和品牌的价值。虽然消费者和企业是完全不同的群体，是有明显分割界限的，但是每一个有心购买品牌的消费者都希望能够靠近品牌，靠近企业，有真实的接触才会更加了解，达到有效沟通，把自己真实的需求传达给企业，想法被聆听。让消费者靠近的企业，对消费者打开心门的企业是亲切的，更容易让消费者感到真实和可靠。

（6）持续为消费者创造价值

把不断为消费者创造价值作为企业发展的初心。在消费者面前，企业是无私的。不管市场怎么变化，企业都有消费者的支持，都能走出专属于自己的康庄大道，最后，企业和消费者是共赢的，这也代表企业把经营琢磨透了。时刻为消费者着想，企业就会有更好的发展。

第3章

市场领先策略：

取得市场领先，

抢占竞争主动权

第3章
市场领先策略：取得市场领先，抢占竞争主动权

案例导读：盒马鲜生

盒马鲜生是阿里巴巴公司旗下一个以售卖生鲜为主的平台，线上线下同时运营。该平台成立不到一年的时间，便得到了消费者的青睐，这与其在消费群体上的精准定位有关，精准的定位使它快速抢占市场，品牌美誉度和知名度也得到了极大的提升。

盒马鲜生的定位是80后、90后的上班一族，这类人最大的特点就是"宅"。上班"宅"在办公室，下班"宅"在家里。盒马鲜生抓住了这一人群"宅"的特点，为他们提供高效、便捷的服务。

与其他零售商相比，盒马鲜生的最大优势是配送服务，提出三公里内半小时内送达的目标。只要顾客在距离盒马鲜生配送服务点三公里内，线上支付半小时之内商品就能送货上门。

盒马鲜生的配送服务分为两个部分，一个是前台，另一个是后台。用户提交订单之后会自动打出订单，后台配送人员立即取货，10分钟内打包完毕，然后进行配送。盒马鲜生在价格上也十分有优势，对比同行业的价格，价格相差超过10%。

一个品牌要想被大众认知，就必须快速抢占市场，并利用自身优势扩大影响力。正如盒马鲜生初创时，面对的是一个十分饱和的市场，红利已经被各大寡头瓜分殆尽，但为什么还能脱颖而出呢？原因就是它非常精准地找到了市场空白点，并集中力量快速占领。

如今在线上零售领域，配送服务常被人诟病，也是很多消费者的一大痛点。盒马鲜生正是抓住了这点，并努力寻找解决方法，解

决了消费者的痛点，满足了消费者的需求。这也是盒马鲜生成功的重要原因。

零售业发展到今天，无论是线上还是线下可以说非常完善。对于新品牌而言，与那些成熟的大品牌硬碰硬，获胜概率非常小。但如果能另辟蹊径，实行差异化定位则有可能闯出一片天。

3.1 市场领先远比品质领先更重要

市场领先策略是企业开拓市场的一种策略，一个企业只重视自身的品质是不够的，如果只停留在这个层面，再好的产品也永远无法脱颖而出。

无论什么品牌，最终目的都是满足消费者需求，解决消费者的问题。但前提是必须解决认知问题，即受众对品牌的了解程度、认可程度和接纳程度，而市场则可让受众更加了解品牌、信任品牌和接纳品牌。

质量保证了品牌的品质，而市场则打通了品牌进入大众视野的通道。很多企业把品质放在第一位，认为只要品牌质量过了关，消费者自然会来。其实，这是错误的想法，如果你只把品质放在第一位，很快就会发现你的产品再好也很难被大众喜欢。

因此，企业必须树立市场意识，把抢占市场作为一种策略坚定地贯彻下去。尤其是新品牌必须重视市场，投入市场前，要做足市场调研、市场开发和定位等。

抢占市场有很多优势，它可以扩大市场份额，增强企业竞争力。有高的市场份额才有盈利，只有盈利品牌才能继续存在，有进一步扩张的资本。有了资本可以帮助企业进行市场定位,从而为品牌扩展打基础,加快品牌传播速度。

同时,抢占市场也可以进一步挖掘消费者需求。确定市场是确定消费者需求的前提,而只有明确了消费者需求,企业才能在品牌技术上花心思,生产出质量过硬、符合消费者期望的品牌,以提升消费者满意度,提高销量。

总的来说,做品牌在第一时间抢占市场至少有三个优势,如图3-1所示。

图3-1 第一时间抢占市场的三个优势

重视市场,让市场充当先锋,提高品牌的市场竞争力,占据市场份额,从利润中抽取一定份额去做技术,这样技术在进步,市场份额也会有一定的提高,技术和市场同时进步,企业前途无量。

3.2 市场领先的含义

市场领先,顾名思义就是快速抢占市场,保证品牌,尤其是新品牌,在与竞品争夺市场份额、客户资源的过程中,时时占据主动、事事保持优势,并最终带动销量。

然而，很多人对市场领先的了解比较片面，认为只要能把市场抢夺过来，扩大市场需求量就足够了。其实不然，市场领先有三个方面的含义，如图3-2所示。

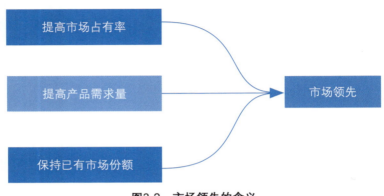

图3-2　市场领先的含义

（1）提高市场占有率

提高市场占有率是市场领先的最基本含义，毕竟，对于大部分品牌而言，进行市场扩张的目的就是提高市场占有率。

（2）提高产品需求量

需求量是消费者的总体消费情况，一般来讲，没有足够的需求量就无法形成有效的市场。因此，抢占市场后要做的就是扩大市场需求总量，让自己所供应的产品、服务符合大多数消费者的需求，拥有更多目标用户。

（3）保持已有市场份额

这一点是最容易忽略的，有的企业在进行市场扩张时只顾开辟新市场，忽略了对已有市场的维护和保持。所以，一家企业在开拓新市场的同时，应对已有市场进行巩固，不能像狗熊掰苞米一样，边掰边丢。

只有正确理解市场领先的含义，才能更好地利用市场领先策略，达到开拓市场的目的，让品牌在激烈的竞争中立于不败之地。

3.3 抢占市场的步骤

要想快速树立品牌形象，打造品牌知名度，抢占市场非常重要。但是如何做到呢？绝非易事。它需要按照一定的步骤有序进行，具体步骤如图3-3所示。

图3-3　抢占市场的步骤

（1）进行市场调研

生产产品前做市场调研是非常重要的，没有大量的市场需求就投入生产，企业是做不长久的。有大量的市场需求，抢占市场才有意义。

（2）确定销售渠道

扩大销量就要有销售渠道，让每一个有需要的人都能买到，用各种方式来销售品牌，线上找多个平台，线下也要找多个平台。

（3）注入广告

一个品牌刚刚进入市场是不会有人知道的，这时候就需要广告。广告分为线上广告和线下广告。线上广告，如游戏网站、视频网站、音乐网站、新闻网站、文学网站等都是可以合作的对象。线下广告，如商场、火车站、超市、银行门口等人员密集的地方也都是做推销的好地方。

（4）组建优秀销售团队

一个好汉三个帮，一个人的力量比不过团队，因此有一个好的销售团队十分重要，制订销售策略，群策群力，以保证品牌营销得到彻底执行。

3.4 无法做第一，就要做唯一

抢占市场先机有助于品牌在市场竞争中脱颖而出，大大小小的品牌千千万，但是真正能保持行业领先的少之又少。当无法成为行业第一时，就要发挥创新精神做行业中的唯一，想别人想不到的，做别人做不到的，别具一格，善于创新。

那么，如何进行品牌创新呢？具体做法如图3-4所示。

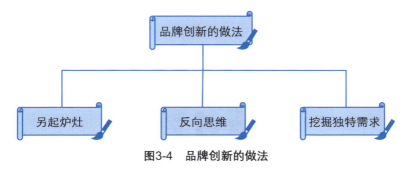

图3-4　品牌创新的做法

（1）另起炉灶

当行业中已经有了第一，它就像一道屏障往往是很难打破的。与其试图超越，不如另起炉灶。最好的办法就是开辟一个新的领域，任何行业的需求都是不断发展变化的，再饱和的市场总有新需求的出现，只要能找出消费者的新需求，那么就可以异军突起。

（2）反向思维

如何做到与别人不一样，另一个做法就是具有反向思维，善于从事情的反面考虑问题。打破众人对事情的常规认知，换个角度亮出自己。

（3）挖掘独特需求

多与消费者沟通，将消费者隐藏的独特需求挖掘出来，谁能挖掘出独特需求，谁就能发现更多商机，更好更快地打动消费者，做到行业唯一。

第4章

利基营销策略：

通过专业化经营

以弱搏强脱颖而出

第 4 章
利基营销策略：通过专业化经营以弱搏强脱颖而出

案例导读：维珍移动

维珍移动是英国维珍集团旗下的移动公司，拥有八个独立品牌，以独特的移动服务享誉全球，在澳大利亚、加拿大、智利、法国、印度、南非、美国及英国拥有业务，被认为是英国增长最快的移动公司。

维珍移动为什么发展如此之快，原因就是它做的是高度细分市场，将单一的移动通信产品或服务有机地捆绑打包，形成具有特色的增值服务，再通过线上和线下两个渠道进行销售。

维珍移动把消费者群分成四大类：体育爱好者、文艺爱好者、旅行者、家居者。再针对这些细分的市场将其服务分成三大类：标准服务、特别服务、其他服务。标准服务包括免费留言信箱、短消息、来电显示、来电等候、传真及数据、无线上网、MP3下载播放、电话热线以及服务质量保证，这些服务都是标准化的。特别服务则是定制化的服务，包括通过短消息发给兴趣群体。

维珍移动将目标顾客定位于"不循规蹈矩的、反叛的年轻人"，向他们提供的是那些行业没意识到或不屑于做的空白市场，从而给年轻消费者传递这样一个品牌态度：自由自在的生活方式、叛逆、开放、崇尚自由以及极度珍贵的浪漫。

一个品牌能够树立良好的形象原因有很多，但最关键的还在于商机，没有商机一切为零。利基市场是空白市场，是一种机会市场，只要善于抓住这种先机，品牌就有可能在该市场快速布局，并赢得消费者认可。案例中的维珍移动正是抓住了利基市场，成功跳出了竞争怪圈，避免了无休止的"价格战"。

4.1 利基营销的概念和意义

利基营销又称缝隙营销或补缺营销，是指企业为避免与强大竞争对手发生正面竞争，针对其弱项而进行营销的一种策略，以达到以弱搏强、以弱胜强的目的。

了解利基营销需要先了解什么是利基市场。那么，什么是利基市场呢？

所谓利基市场是指通过专业化运营，在市场中具有相似兴趣或需求的一小群顾客所占有的市场空间。

由此可以得出，利基市场是一种特殊的市场，利基营销就是在利基市场中运用的一种营销方法，将市场细分再细分，以满足一小部分人的需求。利基市场与利基营销之间的关系如图4-1所示。

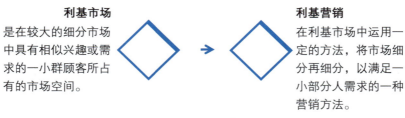

图4-1 利基市场与利基营销之间的关系

这是一个弱者生存法则，在强者缝隙中求生存，或弥补强者所忽略的，或无法做到的。也正因为如此，利基营销又称"缝隙营销"或"补缺营销"。

第4章
利基营销策略：通过专业化经营以弱搏强脱颖而出

做利基市场可以争取在较小的市场，或者其他更适合自身条件，有利于自身优势的市场中获得胜利。实行利基营销的主要意义在于可以灵活巧妙地拾遗补阙，充分了解目标市场和目标顾客群，通过向特定的消费者提供品牌或服务，抢占小众市场，从而比其他企业更好、更完善地满足消费者的需求。

利基市场总是客观存在的，大多数成功的企业一开始并不在大市场开展业务，而是通过识别较大市场中新兴的或未被发现的利基市场发展业务。

克利弗德、谢伍纳曾详细研究了20多家非常成功的中型企业以及它们各自成功所依赖的因素。他们发现这些企业几乎都是市场利基者。例如A.T.克劳士公司，它将其著名的优质金笔定位在豪华高价的市场上，专供高级管理人员、主管和学者使用。这两位专家还发现了这些经营有方的中型企业的另外一些共同特征，包括提供高品质品牌、收取附加费用、创造新的经验曲线，以及建立良好的企业文化和企业形象等。

利用利基营销，弱势品牌就能够理智地看待自身优势，深度分析市场需求，准确定位品牌方向，制订针对性的营销模式，在日益激烈的市场竞争中选择利基市场进行战略集中，牢牢控制住属于自己的那部分市场资源，于某一决定点上形成企业自身的相对优势和竞争对手的相对劣势，在选定的利基市场上构筑企业自身特定的核心竞争力，精耕细作，开创属于自己的一片天。

实行利基营销的意义在于，弱势品牌可以更好、更完善地满足消费者的需求。而且，还可以依据其所提供的附加价值获得更多的利润。

4.2 利基营销的竞争优势

利基营销的竞争优势主要包括三个层面的内容，具体如图4-2所示。

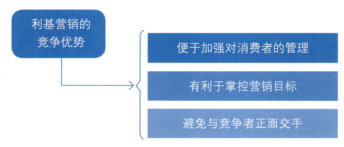

图4-2 利基营销的竞争优势

（1）便于加强对消费者的管理

在对目标市场研究的基础上，可以掌握目标市场行为和消费者的深层需求。这样，企业可以有针对性地就消费者的需求进行品牌开发和业务调整。而且，由于利基营销活动集中在小块市场上，即使企业对消费者的需求不遗余力地提供服务，企业的整体营运成本也不会有很大的提高。

（2）有利于掌控营销目标

营销目标不是越大越好，在一段时间内，必须与企业内部资源相匹配，有利于企业对营销目标和发展方向的控制。企业对自身营销目标的控制取决于其在市场上的力量和位置，包括企业品牌的市场占有率、顾客的品牌忠诚度、企业信息系统的状况等涉及企业品牌立足市场的核心要素。由于利基市场营销有利于企业的市场研究和对市场信息资源的掌握，以及对目标市场的有效服务所建立的品牌忠诚度，企业有理由对其品牌的市场占有率抱有信心。企业对营销目标的把握和对内部资源的比较、权衡之后形成的取舍策略，使得企业与市场密不可分，实现了营销上的最佳效果。

（3）避免与竞争者正面交手

实施利基营销的往往是中小企业，它们精心服务于市场的某一细小部分，不与主要的企业竞争，而是通过专业化的优势来占据有利的市场位置，并形成独具特色的经营方式与经营行为，最终形成差别化优势，这是利基营销的根本目的。当一家正在建立竞争优势的中小企业试图避免与行业巨人直接竞争时，利基营销特别有吸引力。

许多中小企业没有成功，往往是缺少能被目标市场觉察的优势。为减少失败的可能，企业应充分利用利基市场的优势，而不是面对面、硬碰硬地加入竞争。

总之，利基营销有多方面的竞争优势，尤其是对于弱势企业而言。利基市场关注的是细分市场，大大降低了有关目标市场调研的复杂性；市场研究可以在较短的时间展开，企业成本也较小，诸如在品牌线狭窄、目标市场地域分布单一、市场购买行为一致性较强等方面容易取得优势，调研目标实现把握较大。对于这些营销的决定因素的有效分析，有利于企业充分了解市场，迅速进入市场。

4.3 理想利基市场的5个条件

弱势品牌在激烈的市场竞争中，难以与大品牌相抗衡，但是利基市场总是客观存在的，做市场利基者，企业可以争取在较小的市场或者其他更适合企业自身条件和优势的利基市场上，识别并捕捉到利基市场机会，通过向特定的目标消费者提供专业化的产品或服务，从而扩大品牌影响力。

案例1

日本丰田公司首次进军美国市场时，通用、福特称霸美国汽车市场，这对初出茅庐的丰田公司来说，无异于以卵击石。况且当时的"日本制造"往往是"质次价低"的代名词。因为这一理念使得丰田在美国市场寸步难行。

为此，丰田人不得不卧薪尝胆，重新制订市场策略，投入大量人力和资金，有组织地收集市场信息，在市场分析的基础上，去捕捉市场营销机会，选准目标市场。

通过调查，丰田公司发现美国的汽车市场并非铁板一块。随着经济的发展和国民生活水平的提高，美国人的消费理念、消费方式正在发生变化，那种把汽车视为地位象征的传统理念在逐渐削弱。汽车作为一种交通工具更重视其实用性、舒适性、经济性、便利性；符合大众利益要求，较低的购置费用、耗油少、耐用和维修方便；随着交通拥堵日益加剧，要求提供停靠方便、转弯灵活的小型车。美国一些大公司却无视这些信号，继续大批量生产大型豪华轿车，完全被忽视的顾客需求给丰田轿车提供了有利之机。

在市场调研的基础上，丰田公司精确地勾画出一个按人口统计和心理因素划分的目标市场，设计出满足美国顾客需求的美式日制小轿车。

美国著名企业战略学家迈克尔·波特教授通过严密的竞争者分析得出结论："最好的战场是那些竞争对手尚未准备充分、尚未适应、竞争力较弱的细分市场。对方的弱点就是最理想的攻击点，是这一差异构成了市场机会。"

如果企业有能力比竞争对手提供更好的产品或服务，即能够有力地打击竞争者的弱点，那么，该市场就可以作为目标市场，这正是"避实击虚"思想在市场竞争战略上的应用。

一个理想的利基市场是有条件的，需要符合五个条件，如表4-1所示。

表4-1 理想的利基市场所需的五个条件

条件	内容
足够大	该市场要大到能够满足一个中小企业生存所需的规模和购买力
足够小	该市场要小到足以令强大的竞争者对其视而不见，不屑一顾
足够深	该市场要深到足以使企业在较长时间内的发展无空间之忧
足够相称	企业的能力和资源与为该市场提供优质服务所需之条件相称
足够信誉	在该利基市场上，企业的既有信誉要足以对抗竞争者

营销的关键在于理想的利基市场，并且比竞争对手更有效、更有利地传送目标顾客所期望的品牌或服务。而只要符合这五个条件，即可确定一个利基市场。

4.4　如何捕捉利基市场中的机会

市场利基者通过周密的市场调查和市场细分，识别并且捕捉到利基市场机会之后，关键的一步就是实现专业化定位。通过提供专业化的品牌或服务，满足利基市场的需求，站稳脚跟。并且通过品牌和服务的不断改进，进一步巩固和扩大利基市场份额。

利基营销在某种意义上是集中战略的具体体现，而集中战略重点强调三点，具体如图4-3所示。

集中战略

1. 既要做到空间上的集中，也要做到时间上的集中。即在决定性方向和决定性时机，巧妙地集中比竞争对手在此时此地更为强大的营销资源。这是战略集中的基本含义。

2. 一方面要力争企业在市场竞争中的绝对数量优势；另一方面在不能取得绝对数量优势时，要巧妙地使用营销资源，以便在决定性地点上形成相对的竞争优势。在竞争中最能体现战略指挥艺术的正是获得这种相对的竞争优势。

3. 为了在主要方向、决定性地点上集中优势资源，就应不惜在次要方向、非决定性地点上做出牺牲，以便节省资源，做到有所集中，有所节约。

图4-3　集中战略的三个重点

所以，市场利基的关键因素是专业化，通过专业化来体现集中化。一般而言，可供市场利基者选择的专业化定位有以下11个。

（1）按最终用户专业化

专门致力于为某类最终用户服务，如计算机行业有些小企业专门针对某一类用户（如诊疗所、银行等）进行市场营销。

（2）按垂直层面专业化

专门致力于分销渠道中的某些层面，如制铝厂可专门生产铝锭、铝制品或铝质零部件。

（3）按顾客规模专业化

专门为某一种规模（大、中、小）的消费者服务，如有些小企业专门为那些被大企业忽略的小消费者服务。

（4）按特定消费者专业化

只对一个或几个主要消费者服务，如美国有些企业专门为西尔斯百货公司或通用汽车公司供货。

（5）按地理区域专业化

集中优势专为国内外某一地区或地点服务。

（6）按品牌或品牌线专业化

这方面的典型例子是罗技公司。罗技公司最初只是依靠生产鼠标和键盘进入电脑周边设备行业。鼠标和键盘是电脑最基本、最不可缺少的外设配件，同时也是价钱较低、获利较少的配件。因此对电脑行业的巨头根本无法产生吸引力，这便给了罗技一个契机。从此，罗技走上了鼠标和键盘生产的专业化道路，经过了数年的努力，目前罗技不仅在该行业中站稳了脚跟，而且已然成为全球最大的鼠标和键盘的生产供应商。

（7）按品牌特色专业化

专门经营某一种类型的品牌或者特色品牌，如某书店专门经营古籍类图书，某公司专门经营儿童玩具。

（8）按消费者订单专业化

专门按消费者订单生产预订的品牌。

（9）按质量和价格专业化

专门生产经营某种质量和价格的品牌，专门生产高质高价品牌或低质低价品牌，如专门在优质高价的高档品市场上经营。

（10）按服务项目专业化

专门提供某一种或几种其他企业没有的服务项目，如美国有一家银行专门承办电话贷款业务，并为消费者送款上门。

（11）按分销渠道专业化

专门服务于某一类分销渠道，如专门生产适于超级市场销售的品牌，或专门为航空公司旅客提供食品。

4.5 巩固利基市场的2大方法

当利基市场开始赚钱时，一定会引起强大的竞争对手的注意，对手会来抢夺这个利基市场的胜利果实。这个时候就可以划小业务经营单位，进一步满足利基市场需求，避免与强大竞争对手发生正面冲突。所以，企业在市场上享受利基市场带来的好处时，还要保护好自己的利基市场。

例如，可口可乐公司在日本围绕罐装茶叶和咖啡建立起了很大的业务。这些品牌是通过售货机来出售的，在夏天时提供冰镇咖啡,而在冬季则提供罐装热饮。实际上,为了确保其在市场上的发展,可口可乐公司将其在美国市场出售的领先品牌乔治亚罐装咖啡饮料也引入了日本。

所以,企业在市场上享受利基市场带来的好处时,还要保护好自己开发出来的利基市场,以巩固已获得的胜利果实。具体有两大方法,如图4-4所示。

图4-4 巩固利基市场的两大方法

(1)挖掘差异化优势

差异化优势有两层含义,一是差异化,即与竞争者不同的、有差异的地方,这突出强调了企业的个性,要求企业在品牌质量、价格或者服务、促销等一切竞争手段上选择较少的几项,开发具有特色的长时期利基,这是企业寻求竞争优势,构造竞争堡垒的基础。二是优势,即不仅要与竞争者形成差异,而且要使这种差异成为竞争优势。

这要求企业所选择的差异一定是有竞争价值且有资源能力可以实现的。

案例2

丰田进入美国市场后并非没有对手，最大的对手就是德国大众小型车。那么，丰田该如何应对呢？用的就是"人有我优"的差异化策略。

首先，质量优。丰田车造型优美，内部装饰精致，舒适的座椅，柔色的玻璃，发动机的功率和性能好，甚至连汽车扶手的长度和腿部活动空间都是按美国人身材设计的。由于适合美国消费者的口味，车一进入美国市场，很快就建立起了较高的质量信誉。此外，在生产中广泛开展的合理化运动和QC小组活动，也保证了丰田车的信誉。

其次，价格优。为了吸引消费者，丰田在早期进入市场时采用了低价策略，"光冠"定价在2000美元以下，"花冠"为1800美元以下，比同类车型的美国车和德国车都低得多，给经销商的赚头也比别人多。这种进攻型的低价策略，加上质量优、性能好、批量大和维修费用低，产生了滚雪球效应，为丰田车树立起物美价廉的良好形象，使美国厂商既无还手之力，又无招架之功，大片的市场份额逐渐被丰田所占领。

最后，服务优。丰田占领国际市场实施的销售策略之一就是力求实行经营、售后服务和零配件供应一体化，以优质的服务来打消消费者的疑虑，从而在售后服务上给丰田车的消费者吃了"定心丸"。

（2）积极进行技术创新

以技术创新构筑竞争壁垒，以市场潜在需求为导向，针对国际市场目标顾客的利益关注点的变化，将技术创新紧贴市场需求，在顾客最重视的方面寻找质量改进的突破口。

案例3

丰田汽车进入美国市场后受到了多方挑战：德国大众与丰田同属小型车，售后服务也不比丰田差；实力雄厚的通用、福特在政府的支持下也开始了小型车的开发；两国间的贸易摩擦，或多或少使美国公众的自尊心受到挫伤。

丰田为巩固市场，采取了"技术创新"战略，以新技术战胜对手。而后，美国政府颁布了限制汽车排放废气的《马斯基法》，而丰田在此之前就把竭力开发省油和净化技术作为自己的发展战略，开始了此项技术的研究。

为了研制废气再循环装置和催化剂转换器，7年间投入了1000亿日元的资金和1万人的力量，仅废气处理系统就开发出三种，并很快在"追击者"高级轿车中安装了这种装置，从而在这一领域取得领先地位。

同时，还与日本其他汽车厂商共同研制开发出了节约燃料25%～30%的省油车，之后又相继开发出防止事故发生和发生事故后保证驾驶人员安全的装置。这对受石油危机冲击后渴望开上既经济又安全的轿车的美国人来说，无异于久旱逢甘霖。

第5章

聚焦概念策略：

为品牌注入概念，
抢占消费者心智资源

第 5 章
聚焦概念策略：为品牌注入概念，抢占消费者心智资源

案例导读：脑白金

中国保健品市场向来以"养生""健康"为切入点，也是最大的卖点。比如，红极一时的红桃K的亮点是"补血"、三株口服液的亮点是"调理肠胃"。它们都瞄准了核心问题："保健康"。脑白金作为一款保健品，也难逃俗套，起初不也定位在"促睡眠"上吗？

当然，这也是符合当时市场需求的，长期以来，睡眠是困扰中老年人的难题，因失眠而睡眠不足的人比比皆是。曾有资料显示，国内70%的老年人存在不同程度的睡眠不足，90%的老年人经常睡不好觉。可见，"睡眠"市场非常之大，因此，保健品市场几乎所有的产品都在制造"健康"概念。

在中国保健品度过短暂的"蜜月期"后，保健品行业跌入谷底，红桃K失色，三株口服液倒闭，脑白金也面临着转换角色。说到底，是概念的错误定位。这个概念起初提得非常好，抓住了中老年人希望健康长寿的心理，但是群众的眼睛是雪亮的，消费者很快发现这些所谓的保健品并不能起到保持健康的作用，或者说，作用微乎其微。消费者的热情大减，保健品的信誉也就一落千丈。

在这种市场环境下，脑白金以极短的时间迅速启动，转换角色打起了"孝道"牌。自此，"今年过节不收礼，收礼只收脑白金"登上了舞台，广告画面历经几次更换，这句话却一直未变，坐上了中国保健品行业"盟主"的宝座。

> 脑白金成功的关键在于找到了营销的轴心概念:"孝道",把产品定位集中在儿女尽孝之上——以孝道定位引领消费潮流。我国是非常讲究孝道的国家,逢年过节,儿女对父母,年轻人对长辈送礼都以孝为先,孝道市场何其广大。

从养生保健品到尽孝道的礼品,脑白金制造的这个"概念"非常有创意。脑白金瞄准中国传统"孝"文化,着眼于庞大的礼品市场,大大延伸了品牌的价值。也正因为有"孝道"文化这一概念,脑白金这个原本很普通的产品被大众所熟知。

一个品牌想要成为好品牌,那就要让品牌深入消费者内心。如何做到让品牌给消费者留下深刻印象呢?那就是营造概念。在市场营销中有个概念聚焦法则,意思就是通过营造概念,让消费者对品牌有更深刻的印象。同时也是对品牌的解释,对消费者的解释。

5.1 好的品牌都善于营造概念

人大脑所能记忆的信息是有限的,而且随着时间的推移,记忆的东西会被逐渐遗忘。但如果聚焦一个概念,就会大大延长记忆的时间。例如,面对一群学生,让你记住一个人很难,但有人告诉你其中某个人是北大、清华的高材生,那就很容易记住这个人。

大众对品牌的记忆也是如此,让他们单纯地识别、记住很难,

第 5 章
聚焦概念策略：为品牌注入概念，抢占消费者心智资源

当某个品牌被赋予特定概念后就相当于有了标签，这个标签有助于大众识别和记忆。所以，要给品牌营造一个概念，而且概念要高度集中，一个概念只传递一个信息点。这样，品牌给消费者的影响才更深刻，传递的信息才更容易被识别和记住。

如何通过概念成功地将品牌营销出去？重点就在概念的一句话。用一句话展现品牌的用处、品牌的特色、能带给消费者的好处。概念是一个总结性的词语，一般用一到两个词语足以表达清楚。例如，脑白金的孝道概念、五谷道场的非油炸概念。

有了这个概念消费者可以直接联想到企业，这是企业专有的词汇，给消费者留下统一的印象。然而，概念的营造不是随意的，有概念的品牌多数是好的品牌，概念是为了推销好的品牌。在做概念之前，企业就要先找到品牌的特色。

那么，概念如何与品牌特色相结合呢？要注意以下两点，如图5-1所示。

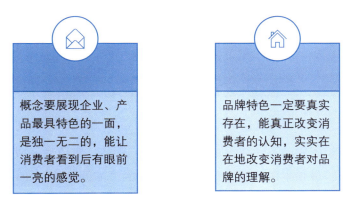

图5-1　概念与品牌特色结合时应注意的两点

每一个概念的提出，都需要花费大量的财力、物力和人力。既然需要这么大的成本，那么就一定要让概念发挥出作用。

在同一个行业、同一个市场内，品牌属于同一个类别，差别很小，从这里就能看出概念的效益。概念，就是要强调品牌的与众不同之处，把自己的品牌和同一行业的其他品牌区别出来，让广大群众对自己的品牌有一个更加清晰的认识。这个明确的概念可以把品牌的潜在消费者和品牌建立联系。

概念能把品牌蕴含的重要思想表达出来，从概念中可以窥见品牌文化、价值观和所能提供的核心利益，消费者也可以从中得知品牌的价值所在。品牌概念的输出要依靠企业来完成，企业要给全体员工做培训，把品牌的重点概念输入给员工，告诉员工为什么是这样的，只有深入员工内心，才能得到更好的传播，然后把品牌的概念传达给消费者。

鲜明的概念表达着品牌对消费者的利益和承诺，看似简单，但如果不能营造一个好的概念，那么品牌就无法充分释放出这方面的信息。

5.2　营造品牌概念应抓的5个方面

概念对品牌的营销与传播非常重要，同一类品牌，体现自己的独特性和优势，关键就在概念的营造上。那么，营造概念的灵感从哪里来？最根本的还是要从基础抓起，围绕如图5-2所示的五个方面进行。

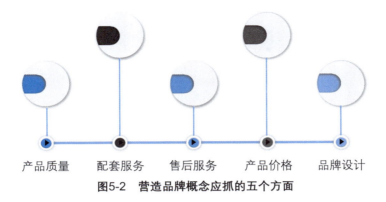

图5-2 营造品牌概念应抓的五个方面

（1）产品质量

产品质量体现品牌优势，是打造强硬品牌的基础。正是因为基础，就更不可忽视。在行业内，那些名牌产品几乎都能做到品牌质量有保证。

就目前来讲，虽然产品质量对于品牌来讲已经算不上什么特别大的优势，但却是一个基础。通过质量增加品牌优势，在为消费者介绍品牌的时候，要先告诉消费者品牌的质量，让消费者放心。

（2）配套服务

市场份额的竞争不仅仅是单纯的品牌竞争，也包括和品牌有关的服务。同样一个品牌，企业提供的服务越多越会让消费者感到贴心，服务人员的态度越好、行动力越强，消费者就越会感到企业的训练有素。消费者在品牌上可以有很多的选择，如果品牌的质量和独特性不能让企业有优势，那么就要在服务上下功夫，做到其他企业没有做到的，就能让消费者感觉到企业的与众不同。

（3）售后服务

每一个品牌都不能保证永远不出问题，消费者也都是看重品牌的保障的，企业能够给消费者一个健全的售后保障，消费者才能够放心地购买。售后对消费者的满意度有着很重要的影响，保障消费者不吃亏，让消费者满意，那么品牌和企业就能得到消费者较高的满意度。

（4）产品价格

在价格上创造优势是很多企业都能想到的办法。创造低价格并不是一件容易的事，需要耗费更多的精力去省下成本。例如，原本材料是从中间商那里拿的，但是因为省下中间商这部分的钱，企业就直接去产地进货，进货之后分类整理，再给各个销售点配送产品。

看似只是降低价格，其实为此要做的事情还是很多的。实现降低价格，又不让企业的利润受到很大的影响，就必须严格控制产品的生产成本和从产地到销售点的运营成本。

（5）品牌设计

品牌没有独特性，就没有让消费者购买的足够理由。只有成为不可替代的，才会让消费者购买。因此在品牌的设计上，要有独特的角度，挖掘大部分消费者都有的，但其他企业无法满足消费者的需求。生产出这样的品牌，那么就是做到了独特性，填补了市场缺口，占据了市场。而且因为独特性，企业可以不必担心市场竞争。

5.3 让概念独特化的3个方法

市场上品牌种类众多，到底是什么能让品牌脱颖而出呢？那就是独特性。没有独特性就不能让消费者记住品牌，无法记住，如何能购买呢？那么，如何让品牌具有独特性呢？可以从以下三个方面进行。

（1）体现品牌的核心价值

在对品牌进行定位之前，首先是核心价值定位。一个品牌对客户有着持续的吸引力，最大的原因就是该品牌所体现的价值。

一个品牌之所以能区别于其他同类品牌，最根本的不同就是核心价值的不同。品牌的核心价值是指，凡可以展现出品牌持续的生命力，同时可以持续塑造的元素组合。简单地讲，就是品牌的独特卖点，品牌在策划、定位时需要紧紧抓住这一点最大程度地体现其核心价值。

任何一个品牌都有自身的核心价值，这也是能打动客户的真正原因。通常，一个品牌的价值有很多，而核心价值往往只有一个，因此，如何能准确定位品牌的核心价值成为推销的关键。

品牌的价值取向是指品牌能给使用者所带来的价值，那么，企业策划人员必须了解构成品牌核心价值的五个因素，如表5-1所示。

表5-1 构成品牌核心价值的五个因素

核心价值	占据的地位
品牌	品牌是客户确立购买的重要因素，在众多品牌中，销售产品的品牌形象、市场占有率是否处于有利地位对客户有重要影响

续表

核心价值	占据的地位
性价比	性价比是客户最看重的因素之一，是客户确定购买的主要参考因素，产品的性能参数可以确定产品的性能
服务	服务不仅是售后服务，还包括整个销售过程中给客户带来的信心和方便
品牌的优点	优点是品牌在功效上（或者其他方面）表现出来的特点，如传真机有记忆装置，能自动传递到设定的多数对象
品牌带来的特殊利益	特殊利益是指品牌能满足客户本身特殊的要求，如每天和国外总部联系，利用传真机，可以加快速度，并节约国际长途费

（2）迎合客户需求

产品卖出不去，很多时候不是产品本身的问题，而是没有迎合客户需求。纵观那些优秀的企业，在展开推销之前，都会先与客户进行充分的沟通，了解其内心的真实需求。

客户的需求多种多样、千变万化，要想准确把握客户的需求并非易事。如何把握客户需求呢？一般来讲，分析客户需求时必须围绕以下三个最基本的问题进行，如图5-3所示。

图5-3　分析客户需求时考虑的三个基本问题

（3）提出独特的销售主张

一个品牌最突出的就是其独特的卖点，在营销学上有一个著名的概念——USP，即独特的销售主张。换句话说，就是要有独特的卖点，要有其他品牌所没有的优势。因此企业一定要突出品牌自身的优势，挖掘独特的卖点，让消费者感到物有所值。

TATA木门为什么那么受欢迎？不仅是因为其质量，更重要的一个原因是始终在引领着潮流，品牌展现出来的时尚、简约的特点深受年轻消费群体的欢迎。想让客户记住你的品牌，购买你的产品，一定要让客户看到品牌的优势所在，TATA木门的独特优势就是其时刻代表着时尚的新颖设计，从而在年轻消费者心目中树立了稳固的品牌形象。

5.4 营造品牌概念的注意事项

独特的品牌概念对企业的发展有着很重要的作用，通过品牌的独特性，企业可以认识到一个品牌的核心是多么重要。然而品牌概念并不那么容易营造，如图5-4所示的五个事项是必须要注意的。

图5-4 营造品牌概念时的五个注意事项

（1）宣扬美好的正能量

每个人都不会拒绝美好的事物，所以一个品牌在创造吸引力的时候，一定要有一个漂亮的外观、一个好听的名字，这样消费者在第一眼看到品牌或者第一次听到品牌的名字时就能记住。

消费者对品牌的要求不仅体现在质量上，也体现在品牌所传递的态度上。品牌不仅要实用，还要有趣，富有正能量，能促进消费者树立正向价值观，产生社会责任感。

（2）打造匹配的企业形象

每一个品牌想要从普通品牌走向知名品牌，首先企业自身就必须有一个好的形象。如何构建形象，企业要注重文化修养、文化传承。有一个好的形象，才能给消费者留下好的第一印象，再通过产品赢得消费者的认可、支持。

（3）做好品牌的口碑营销

品牌是企业发展的支撑，也是企业形象最直接的体现。构建品牌形象，才能增加企业的辨识度，让企业更加亲切。一个好听的名字，一个有文化的内涵理念，一个独特的外观设计，一个感人至深的品牌背后的故事，一个高度赞扬都可以帮助企业树立好的品牌形象。

（4）提高品牌的品位

企业能够创造一个好品牌，不仅是为了壮大企业，也是为了向消费者传达企业的经营精神和企业文化。一个品牌只有赋予了文化和品位才能更加高大上。让品牌有个性，有品位，有档次，有趣味，才能带给消费者无限的想象空间，给消费者的生活带来更多新鲜的体验。有品位、有档次的品牌才能在发展的道路上越走越远。

（5）减少不必要的推广宣传开支

很多企业为了能够让品牌有一个好的形象，会寻找符合品牌理念的明星来做形象代言人，但是代言费不是小数目，会让企业有大量的支出。事实上，品牌最好的代言人是品牌的名字，有一个好的名字就能让消费者记忆犹新，而明星代言无数，消费者记忆很难。

第6章

市场细分策略：

不断细分，寻找最有机会的小众市场

第6章
市场细分策略：不断细分，寻找最有机会的小众市场

案例导读：宝洁

宝洁公司的市场细分做得十分全面，针对不同的市场需求，不同的消费者需求，主推产品也不同。比如，针对经济欠发达的地区，主推物美价廉的汰渍洗涤产品，而针对经济发达的一线城市，主推潘婷等有品位、有档次的产品。

针对不同消费能力的消费者，产品也分多个档次，有较高消费能力的消费者，他们可以购买SK-Ⅱ品牌产品，价格在1000元左右，而对于普通消费者，他们可以购买宝洁旗下的OLAY品牌产品。

针对不同性别的消费者，宝洁推出的品牌也有所不同。以剃须刀这一产品系列为例，对于男士，推出了锋速三、超级感应、感应、超滑旋转等产品；而对于女士，推出了吉利专用刀架、刀片Venus，这样体贴的细分让消费者感觉十分亲切、体贴。

根据消费者不同时期的需求，宝洁也推出了不同容量和组合的产品。对于家庭主妇，宝洁公司推出的是容量大的桶装洗发水。而对于旅行者，或者经常出差的商务人士，或者在校大学生，这些不经常使用，或者使用不多的人群，推出便携装或洗发水和护发素二合一的产品，主要就是为了便于携带。

正是因为宝洁公司对市场的细分，让消费者感觉到宝洁公司的体贴，只有你想不到的，没有它不卖的。这种市场的精确细分让宝洁公司在市场中占据了大量的市场份额，充分满足消费者的需求。

一种品牌无法满足所有消费者的需求，但是用市场细分满足了更多消费者的需求，占据了更多的市场。

6.1 任何产品都无法满足所有需求

市场是无限的，消费者的欲望也是无穷无尽的，但是企业的能力是有限的，资源也是有限的，一家企业不能生产所有消费者需要的品牌，一个品牌也不能满足所有消费者的需求。对于同一类品牌，有一个消费者群，可在这个消费者群中，消费者对品牌的需求也是不一样的，对品牌的看法也是不一样的，他们希望品牌能带给他们的东西也是不一样的。

因此，企业要做细分市场发展品牌，用自己的优势，专门满足一部分消费者的需求。不要把整个大市场看成一个市场，按照品牌的需求类别可以将市场分为两个部分，一个是同质市场，一个是异质市场。同质市场，就是对于同一类品牌消费者的需求大致属于同一个范围，而异质市场就是对于同一类品牌消费者的需求完全不同。

案例1

面膜行业是一个很大的市场，面膜的作用可以是补水、祛斑、美白、祛痘、提亮肤色、防晒等。虽然看似已经对面膜进行了细分，但这也只是初步的细分，还可以根据面膜针对的消费者年龄和性别来进行区分。

15～18岁的女性的补水需求比较小，因为是学生，被太阳晒的概率很大，青春期脸上会有青春痘，所以对防晒和祛痘的需求很大。

18~25岁的女性对皮肤要求高，都渴望有白嫩肌肤，所以对美白的要求高。

25~35岁的女性步入社会，因为工作压力大，护理皮肤的时间较少，长期对着电脑工作，所以对补水的要求较高。

36岁以上的女性开始步入中年，脸上开始长斑，所以对祛斑的要求较高。

做细分市场可以发现更好的发展前景，对于一些实力不是很强的企业，它们可以通过市场营销取得一部分利润，占据一部分市场份额，让企业改变原来的经营策略，重新制订市场竞争计划。

与其在自己没有优势的市场与其他成熟品牌争得头破血流，不如利用智慧打造细分领域的第一市场。然而，做市场细分品牌是对企业很大的考验，不用心发现消费者的需求和欲望，就不知道打造什么样的品牌；不了解消费者的购买习惯和购买影响因素，就不能准确地开发市场。

6.2 营销必须建立在细分市场的基础上

每家企业都希望自己的品牌能有一个好的营销，但是即使用尽心思，品牌的营销还是做不好，原因就在于在进行市场营销之前没有做好市场细分。

市场细分可以让消费者得到自己最想要的品牌，让自己的需求得到满足。对企业来说，市场细分是一个发现商机，咸鱼翻身的大好机会，市场细分之后，企业可以制订新的市场营销战略，提高市场占有率。

案例2

一家商场销售女性钻石手链，看似一件饰品，但是如果进行细分，那么销量就会比不细分之前高许多。

最简单的细分方式就是通过价格来细分，比如钻石手链按照价格可以分为三个层次：高档、中档和低档。

高档可以是消费能力高的人购买互相赠送礼物或者给自己作为节日礼物，可以体现出他们的身份。通常高价产品的销售额会占总销售额的20%。

中档就是消费能力中等的人，有着良好的教育背景，工作不错，同样可以作为礼物赠送或者自己佩戴。购买中等价格饰品的消费者是最多的，销售额会占总销售额的50%。

低档就是消费能力较低的人，以此来给自己小小的希望。购买低价格饰品的消费者还是很多的，因为价格低，销售量高，所以销售额还是会占总销售额的30%。

每一个市场被细分之后都会找到更多的营销机会。价格的细分让企业更具有亲和力，不管消费者属于哪个消费水平，只要他们喜欢这个品牌，就能找到适合他们的产品。

市场细分能够给企业更多的营销机会，提高企业在市场的占有率，没有市场细分，市场营销就会变得举步维艰。

除了品牌的价格，企业还可以根据消费者的消费特征、性别、年龄、喜好来做市场细分。细致观察消费者的消费特征等，确定自己品牌的定位，就能掌握市场细分的技巧，充分满足消费者的需求，成功营销。

6.3 寻找细分市场的3大方法

市场细分有很多方法，根据消费者的一个需求就可以对市场做出细分。企业也不能只根据一个需求去细分，而是要寻找几个需求去做细分，相互比较，最后确定能够给企业带来最大利益的市场细分方法。

寻找细分市场的三大方法如图6-1所示。

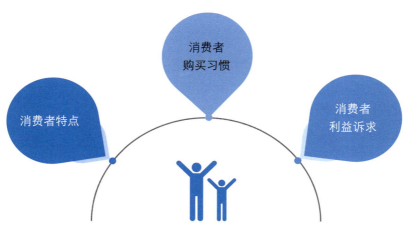

图6-1 寻找细分市场的三大方法

（1）消费者特点

不是所有品牌在每个市场都有消费群体，大多数品牌是有地域性的，可以根据市场调查来判断哪个地方没有销售点，然后建立，这就弥补了市场空缺。

地域的不同，消费者的生活水平也不同，由此品牌就要符合当地的消费者特点。如在一个别墅区旁边一般情况不售卖几十块钱的红酒，在一个经济不发达地区一般情况不卖几百块钱的香烟，这不符合当地人的消费需求。

消费者的特点有很多，例如消费者的年龄、性别、教育背景、在社会上所处的阶层、生活方式、性格、宗教信仰等，根据任意一个点都可以做出细分，生产特定的品牌。

（2）消费者购买习惯

购买习惯是指消费者在长期的经济和社会活动中逐渐形成的、不易改变的购买商品的行为。这种行为主要包括购买时间、购买决策以及购买选择等。比如，有的消费者习惯反季购买，有的消费者习惯在节假日购买；有的消费者习惯到自己喜欢的某一商店购买；有的消费者特别重视价格，总是买最便宜的商品，而有的消费者特别注重品牌，只要是某某牌子的商品就特别喜欢。

需要注意的是，消费习惯往往与消费者的性别、年龄、职业、文化素养、个人爱好、经济条件有关。不同的个体差异，消费者习惯往往也有很大差异。

（3）消费者利益诉求

虽然消费者购买的是同一个品牌，但是消费者想要从品牌中获得的利益是不同的。有的消费者对品牌要求低，有的消费者对品牌要求不高，有的消费者对品牌的要求很严苛。根据不同的程度，企业可以对消费者进行细分，从而细分市场。

三种细分方法可以帮助企业寻找最适合自己开发的。每一个点都是一条出路，不要戴着有色眼镜去看待这些细分中的任何一个点，否则就有可能和良机擦肩而过。

6.4 细分市场要根植于潜在需求

细分市场是将已有的市场进行细分，给消费者更加精准的服务，提供消费者需要的服务。但是企业不能把市场细分限制在已有的品牌市场中，消费者的需求是根据科技的进步慢慢变多的，企业要时刻关注市场中消费者的需求变化，在第一时间做出反应，对市场进行细分，满足消费者的需求，开创新的收益渠道。

每一个品牌上市之后都会在消费者和行业内有一个定位，这个品牌的用处是什么，这个品牌适合哪个年龄段的人，这个品牌的消费者群是社会上哪个阶层的人。这种定位是持续的，但是经过定位就可以发现这个品牌不能满足所有消费者的需求，那些需求没有被满足的就是市场的空缺部分，就可以开发新的市场。

企业有没有开发市场的空间就在于消费者有没有需求，有需求就有市场。

案例3

唇膏是最原始的，也是最常见的一种口红，涂抹在嘴唇上可以保持嘴唇湿润，否则因为风吹会让嘴唇很干燥，影响美观。

不过，人们很快发现，唇膏并不是只有女性能用，经过调查，有些男性和儿童在春天和秋天的时候也会因为喝水少，外出时间长而导致唇裂，不涂抹唇膏就会导致嘴唇疼，还会变红，所以有的企业就开始生产男性唇膏和儿童唇膏。这是对唇膏市场的细分，虽然男性用唇膏的人少，但是在市场份额上还是增加了许多。

男性唇膏和儿童唇膏上市之后，又有企业关注了另一个消费者群，那就是孕妇。女性怀孕之后是不能够化妆的，因为有的化妆品可能对胎儿的发育有害，何况是涂抹在嘴上的唇膏呢，孕妇吃进去可能会对胎儿造成不好的影响，但是孕妇也是要外出的，也会经历春天或者秋天，她们的嘴唇也可能会干，那她们嘴唇干燥的时候怎么办呢？因此，研发孕妇唇膏就成了这些企业的目标。

经过一段时间的研制，孕妇唇膏上市又获得了一部分消费者，占据了一小部分市场份额。

唇膏是一个很大的市场，因消费者的性别、年龄和身份不同，可以细分出很多种。不管是男性唇膏、儿童唇膏还是孕妇唇膏，这些品牌能够在上市之后就占据一定的市场份额，成功营销，就说明市场有需求。

任何一个行业都是这样，有需求就会有市场。满足客户多样化的需求是一种本能，只有创造需求才能扩大销售。因此，在挖掘细分市场满足客户现有需求的同时，还要逐步引导对方的潜在需求，或者，对方根本没有需求，能够利用现有条件引导其表达出一种明确的需求。

第7章

消费者细分策略：
消费者越细分需求越大

案例导读：全聚德

全聚德，餐饮界的驰名商标，被称为"中华第一吃"。有这样的声誉在于对消费者的细分化管理。全聚德将消费者分为多血质、黏液质、胆汁质和抑郁质四种类型，并根据不同的类型提供相应的服务。

（1）多血质

这类消费者是活泼的，开朗的，善于交谈的，很容易与服务人员成为朋友，不过点菜很冲动，很容易出现想要退单或者换单的情况。他们喜欢尝试新鲜的菜品，点菜受菜名、菜的外观等因素影响。面对这一类消费者，服务人员也要健谈，多向他们推荐刚刚推出的菜品，说话干脆利落，尽量满足他们退单或者换单的需求。

（2）黏液质

这类消费者是安静的，少言寡语的，喜怒不形于色的，对于点菜很慎重，会多加思考，静静比较。面对这一类消费者，服务人员通常会给他们安排在店里安静的位置，给他们介绍的菜品也多是他们熟悉的，不多说，不催促，不过于热情也不冷漠，给他们留足空间去思考。

（3）胆汁质

这类消费者是热情的，直率的，也是急躁的，他们做事果断，点菜时不会考虑太多，不过很谦虚，会接受服务人员给他们的点菜意见，有时会很大意，把自己的物品遗忘。面对这一类消费者，服务人员会进行现场促销，图文并茂地向他们介绍新菜品，给他们表达的时间，不反驳，有耐心，上菜、结账都迅速，买单后提醒他们拿好自己的随身物品。

（4）抑郁质

这类消费者是敏感的，安静的，情绪多有不稳定，难以捉摸，难以适应新鲜事物，小心翼翼。面对这一类消费者，服务人员也会把他们安排在安静的地方，对许多行为会做解释，避免引起他们的不满，言语谨慎，交谈时不说得过多，动作更不会轻浮。

全聚德的成功很大一部分原因在于它对消费者的细分，有针对性地对不同类型的消费者提供服务，而且自身品牌不仅仅是菜品，包括从消费者进门那一刻起对消费者提供的所有服务。这种观察力和细心会让消费者感觉到很温暖，所以全聚德的消费者一直对企业认可、支持。

7.1　消费者细分的3大意义

消费者是独立的个体，每个消费者都是不同的，企业需要对其进行细分，才能更加了解他们。那么，消费者细分对企业有哪些意义呢？具体有以下三个，如图7-1所示。

图7-1 消费者细分对企业的三大意义

(1) 充分发挥企业自身的优势

任何一家企业不能单凭自己的人力、财力和物力来满足整个市场的所有需求,因此企业应该分辨出自己能有效为之服务的最具有吸引力的细分市场,集中优势资源,制订科学的竞争策略,以取得和增强竞争优势。

(2) 充分了解消费者的类型

在消费者的信息栏中,企业可以知道消费者的一些信息,比如,性别、年龄、婚姻状况、所在区域、收入水平、消费喜好以及购买力等。掌握了这些信息,企业可以大体了解消费者的外在特征,有针对性地为消费者提供产品或服务。

(3) 了解消费者的消费行为

消费者的消费行为主要从三个方面着手,分别是消费者的最近消费、一段时间内的消费频率以及消费者的消费额。消费者的消费行为具有一定的局限性，它只能分析企业已有的消费者，不能分析企业的潜在消费者。

7.2 对消费者进行细分的方法

企业发展初期，因为消费者少，细分方法可以单一，当企业日益壮大，而且消费者越来越多时，细分方法也要随之变得多种多样，这样才能满足消费者的多样化需求。

那么，如何对消费者进行细分呢？可以根据图7-2所示的四点进行。

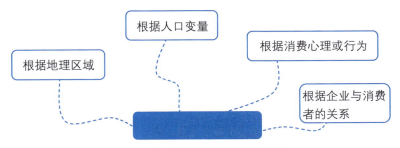

图7-2 对消费者进行细分的方法

（1）根据地理区域

即把不同的市场分为不同的地理区域，如洲、国家、地区。同一地理区域的人有着相同的生活方式，依靠地理细分消费者，也能发现本地特有的需求。

另外，在根据地理区域划分时，还应考虑城市规模、人口密度及气候等因素。

比如，海尔洗衣机在早期进入皖北市场时，发现消费者不仅用洗衣机洗衣服，还用它来洗红薯，根据皖北人使用洗衣机的情况，开发了一款专门洗红薯的洗衣机，进入市场后销量节节攀高。

（2）根据人口变量

根据人口变量将市场划分为不同的群体。利用人口变量细分消费者，主要通过以下四个变量，如表7-1所示。

表7-1　人口变量的影响因素

变量	具体内容
性别	男性和女性有不同的行为方式，比如，逛街时女性更喜欢到处看看，男性的目的性很强，买完就回来。比如，海澜之家的广告语"一年逛两次海澜之家，每次总有新发现"，就是根据男性的消费特性而写的，将海澜之家打造成"男人的衣柜"
收入	收入细分在汽车、化妆品等行业是比较常用的方法，比如高档车奥迪、奔驰；中档车别克、通用；低档车比亚迪、起亚、吉利等
生活阶段	不同生活阶段的消费者所关心的事物是不同的，没结婚的小青年和刚结婚有孩子的夫妻，显然两者的关注点有很大的区别
年龄	消费者的欲望和能力随着年龄的增长而变化，比如每一代人都深受他们成长所处时代的影响，比如80后、90后、00后在行为特征和消费习惯上自然有很大区别

（3）根据消费心理或行为

消费者根据他们对产品的认识、态度、使用情况或反映也可以被划分为不同的群体。通常来讲，不同的群体有不同的消费心理、消费行为。

比如，妻子过生日，丈夫想在其生日当天送一辆自行车作为生日礼物，可他对自行车无论款式还是价格都不是太了解。为了更好地了解，他通过很多途径查找相关信息，并询问曾经买过的朋友。最后，丈夫在朋友的建议下，选择了一款价格较高的自行车。

在这个过程中，消费者所追求的利益、使用者情况、购买者的心理等因素对最终的购买行为影响较大，而这都应该成为企业建立细分市场的一个重要出发点。

（4）根据企业与消费者的关系

消费者和企业的关系可以分为两个阶段，一个是企业对消费者的关怀阶段，另一个是企业品牌的营销阶段。企业对消费者的关怀是给企业品牌的营销做铺垫。在这两个不同的阶段，企业对消费者的服务态度和服务频率也是不一样的。

在进入企业对消费者的关怀阶段之前，企业要对已有的消费者进行分类，一类是对企业利润有过大贡献的消费者，另一类是普通消费者。对企业有过高利润贡献的消费者，企业一般采取服务优先、服务优质的态度。

具体就是有问题优先解决，有好的赠品给他们，提供优先服务、快速回应等。这样做的目的就是希望提高消费者对企业的满意度，对企业的工作更加肯定和支持。当企业开展营销活动的时候，这些消费者因为对企业有较高的满意度也会积极回应，企业会继续给他们特殊对待，例如特殊支付渠道、更好的品牌套餐、专有的购买折扣等。

需要注意的是，在对消费者进行细分时，方法不能过于单一。

要根据实际情况而变，随之营销活动也要有针对性地开展，首先确定营销活动是针对哪一类消费者，这类消费者有哪些特征，他们的喜好是什么，要在营销活动中添加受消费者青睐的元素，才能推动营销活动的成功。

7.3 围绕核心消费者集中营销

80/20法则又称二八定律、帕累托法则、帕累托定律等，是由意大利经济学家、社会学家帕累托提出的。帕累托经过长期的调查研究发现，20%的人口拥有80%的财产。后来这成为企业管理中很重要的一条法则。

企业管理80/20现象十分常见，常见的有企业的成本和收益，80%的收益往往是由20%的成本产生的，而有时候投入很大，收益却很少。在消费市场也是，80%的营业额来自20%的消费者。

80/20法则是一个事半功倍的结果，只要做20%的工作，就能收到80%的利益。当然，始终保持这种效果很难，关键是要做好对消费者的细分工作，企业能否拥有这20%的消费者，品牌能否满足这20%的消费者的需求。

案例

一家咖啡厅，不仅接受消费者到店里喝咖啡、工作或者聊天，同时也接受咖啡外卖配送。咖啡店每年也有销量任务，每人每年有20万元的任务，老板给出的最大优惠是八折。不过，折扣只能用两

第 7 章
消费者细分策略：消费者越细分需求越大

个月，超过不允许使用。

一次，小李结识了一个客户，该客户是外企经理，也是这家咖啡店的常客。小李了解到该客户公司每年有两个季节最忙，5月和11月，因为涉及年中和年终，公司大部分员工都要加班来完成工作。小李就想，外企部门多，人也多，加班加点肯定需要咖啡，不仅晚上加班要喝咖啡，下午茶也需要咖啡。于是，他就把自己的想法向客户说了，客户因为很喜欢他家的咖啡，便很爽快地答应了，同意从他家购买咖啡。

就这样，4月小李有了10万元的业绩。所以他就想，只要找到两个这样的客户就可以完成任务了，接下来，小李就四处寻找类似的客户，并将他们发展为自己的核心客户。

看似很难的工作，小李很容易就完成了，这是因为他找到了20%的核心客户，并尽力满足他们的需求，赢得了他们的认可和支持。这就是消费者细分对80/20法则的意义。

消费者细分工作看似只是给消费者分类，但是经过消费者细分，企业可以总结出核心消费者，这些核心消费者才是企业获得利润的主要来源，因此消费者细分之后，再展开营销工作，把工作的主要精力放在核心消费者身上，得到的效果反而会更好。

那么，哪些消费者能够成为核心消费者呢？一般有三类，如图7-3所示。

图7-3 三类消费者能够成为核心消费者

（1）长期支持的消费者

企业的壮大让管理层对产品的生产和营销都有了新的看法，生产新产品的同时也努力地去发展新消费者，认为新消费者越多就代表效益越好，其实这是错误的理解。从获取利益来说，维护老客户要比开发新客户容易得多。如果不能维护好老客户，把全部精力放在开发新客户上，那么引来一个新客户可能会流失一个老客户，或者更多，最后的结果一定是企业亏损。

在消费者方面，维持老客户的满意度和忠诚度要比开发新客户重要，纵观国内外的大型企业，它们都拥有大量老客户，而且调查也发现，维护好老客户，老客户就可以给企业带来新客户，可以给企业节省许多精力。拥有老客户的信任，在营销活动中老客户就会支持，没有老客户的企业，新客户也不会完全信任企业。重视老客户，把老客户变成企业的忠实粉丝，建立长期合作才是值得企业努力奋斗的。

（2）大量购买的消费者

消费者细分中可以根据消费者购买产品的数量来进行分类，购买少量产品、购买中量产品、购买大量产品，购买产品的数量越多，消费的金额就越大。无论哪一行，大量购买一个品牌的消费者都不会很多，但是这些是企业的核心消费者。假设一个产品有100个消费者，其中20个是大量购买者，那么这20个创造的销售额会是剩下80个的好几倍。

（3）有影响力的消费者

同一个消费者对于不同的品牌自然有不同的需求，在市场中，有很多产品虽然是生活必需品，但是使用量并不大，所以不必大量购买，也不必频繁购买，这时候就没有办法用大量需求和老客户来判定哪些消费者是核心消费者，此时企业就要把精力放在那些在社会上有影响力的消费者身上。

有影响力的消费者在他们的社交圈子里说话都很有分量，也许只是他们不经意的一句话就会给听者留下深刻的印象。他们会很容易答应给企业推荐，但是前提是品牌的质量很好，没有任何问题，服务也让他们满意。也许只是一个有影响力的人的一句话，他带来的利润往往会超过其他四个甚至十个消费者能给企业带来的利润。

营销需要依靠策略去完成，才能取得更好的效果。80/20法则在消费者细分和营销中的作用是不可忽视的。掌握策略，知道规律，才能用最少的精力得到最大的收获。如果能够熟练运用80/20法则和消费者细分，那么就可以在庞大的消费者群中找到20%的消费者，创造80%的利润。

7.4 做消费者细分时的注意事项

企业应该认识到消费者细分的方式是不固定的，消费者细分应该是动态的工作，消费者所属的类别也可能经常改变。消费者细分工作必须频繁，要确定一种可以容易改变消费者细分的方法。

做消费者细分工作，以下几点是必备的。

① 消费者细分之前列出要收集的消费者的信息，找出收集这些信息的最佳方法。

② 不仅要对消费者的信息进行分类，还要对消费者的信息进行整理，同一类型的信息要放在一起。

③ 设置细分消费者的方法，对已经掌握的消费者的信息进行分析，分析的结果类型作为企业细分消费者的常量。

④ 将已经掌握的消费者信息和细分结果告知企业的技术部门以及服务部门，让企业的员工知道消费者细分的原因，消费者细分要达到什么样的效果，企业的技术部门可以帮助企业进行消费者细分的技术工作。

⑤ 充分利用计算机网络系统，将消费者的信息输入企业的电脑中，共享消费者信息，让员工可以随时随地查询到消费者的信息，也便于当消费者的信息发生变化时及时做出更改，重新进行分析。

消费者细分看似只是整理凌乱的消费者信息，很容易做到，但是也涉及专业知识，所以企业也要有消费者细分方面的人才，精确分析消费者的信息，帮助企业做出品牌营销和消费者服务的策划案。

消费者细分不仅能够帮助企业更加全面地了解消费者，还能增进企业和消费者之间的关系。因为企业对消费者的充分了解，所以在提供服务上能够更加有的放矢，这样就提高了消费者的满意度。企业还可以在自己的网站，让消费者留言对品牌不满意的地方，企业及时更正并且给消费者一定的补偿，在为消费者解决问题的同时也赢得了消费者的支持。

没有消费者细分，企业就不会充分了解自己的消费者，不能给消费者提供需要的服务，就不能让消费者留下。重视消费者细分就是重视消费者，就能增强品牌的营销，让企业日益壮大。

第8章

服务营销策略：

完善售前、售中、售后全程服务体系，打造服务机制

第8章
服务营销策略：完善售前、售中、售后全程服务体系，打造服务机制

案例导读：IBM（中国）

IBM是一家高科技行业的"百年老店"，1911年由托马斯·沃森创立，总部位于纽约州阿蒙克市，是一家融信息技术、咨询服务和业务解决方案为一体的外资公司，经营范围包括信息技术、咨询服务和业务解决方案，业务遍布全球各地。IBM进入中国市场已经有近30年的时间，1992年在北京成立第一家独资企业，截至2020年已经在全国30多个城市开设分公司。

作为中国IT服务市场排名第一的服务商，它既有软硬件产品，也有各种各样的服务。服务的内容非常丰富，从战略咨询、流程再造、系统实施，到云专业服务、产品维护、管理及外包，以及各种为不同行业客户定制的解决方案，可以为客户提供全方位、端到端的数字化转型服务。

IBM（中国）旨在帮助顾客怎样从服务中受益，在什么时间和什么地方可以接受到服务，以及在服务过程中应当怎样参与，从而得到更好的服务结果。

服务业迅猛发展，制造业服务化，所有的企业，未来都可能成为服务型企业。根据国家统计局发布的数据显示：2020年服务业增加值占GDP的58.3%，贡献率为60.4%，增速为7.1%，显然，服务业在国民经济中的"稳定器"作用进一步增强。但尽管以服务业为主导的新经济形态正在形成，不少营销人员的服务营销意识却显得不足。很多品牌在做营销时，依然是以有形产品为主导，服务形同虚设。

8.1 没有服务力就没有品牌力

高端客户对服务的要求越来越高,一个品牌的产品质量再好,如果没有完善服务的支撑也很难在竞争中站稳脚跟。因此,对于企业来讲,服务显得更为重要,因为企业在整个供应链中充当着经销商的角色,在出售商品的同时也在出售服务。也就是说,服务本身也是一种促销手段。

比如,经营电器的商铺,把冰箱、洗衣机等产品卖给消费者后,同时也应该为对方提供送货、安装、调试、维修、技术培训、上门服务等一系列服务。

企业除了要有优质的产品,还要有完善的服务。很多企业经营者已经将服务作为提高品牌的知名度、维系客户忠诚度的重要手段。

为消费者提供服务最主要是为他们解决悬而未决的问题,而解决问题的关键就是讲究及时性。当消费者反映产品存在问题,或者在使用中遇到困难时,服务人员要第一时间找出解决办法,即使无法当场解决也要向对方做出解释,立下承诺。

"以人为本"的经营理念,体现在用心上,要求专心、耐心、细心、真心,专心为消费者提供服务,耐心倾听消费者的要求,细心观察消费者的行为举止,真心为消费者提供亲切优质的服务,让消费者有一种宾至如归的感受。同时,注重在服务过程中与消费者的情感交流,真正体现"以人为本"的经营理念。

（1）设身处地地为消费者着想

人性化销售重点突出一个情字，急消费者所需，为消费者解忧，尊重消费者，关心消费者。也就是说要重视消费者的心理需求和传统观念，以自己诚恳的态度，设身处地地尊重消费者，以满足消费者追求优质商品和优质服务的需求为目的，并努力实现供求双方合作愉快、互动双赢。

（2）主动服务

对消费者服务应该积极、主动，谁能做到主动服务谁就能前进一大步。主动服务对应的是被动服务，这也是当前服务体系常见的一种状态，通常都是先由消费者提出服务请求，企业或服务人员才会提供相应的服务。主动服务则正好相反，需要企业或服务人员主动去找消费者沟通，主动发现问题，然后由消费者根据自己的需要选择服务内容。

8.2 全程服务，售前、售中、售后

在营销工作中，广义上的服务包括三个阶段——售前、售中、售后。大多数人常规上的理解是指售后服务，这是一个误区，当前，由于市场环境的需求，大部分经营者只是将售后服务放到特别突出的位置，而忽略了销售中的售前服务问题。其实，售后服务只是服务工作中的一种形式，很多时候售前、售中更重要。

因此，企业经营者在完善服务时要三者兼顾，不可顾此失彼，有所偏颇。

（1）做好售前服务

售前服务的内容多种多样，主要包括调查客户信息、进行市场预测、提供咨询、接受电话预订等。那么，什么是售前服务呢？通常是指在产品销售前，或者客户未接触前，进行的一系列与产品宣传、刺激客户购买欲望有关的工作。

售前服务是正式展开销售前的一系列辅助性工作，主要是为了协助客户做好需求分析和系统引导，使得产品能够最大程度地满足市场和客户的需求。其核心可用三句话概括：提供市场情报，做好服务决策；突出产品特色，拓展销售渠道；解答客户疑问，引发客户需求。

为了进一步做好售前服务，企业经营者，或是市场人员、销售人员要以市场信息、客户需求为前提，严格按照流程进行。售前服务计划制订的流程如图8-1所示。

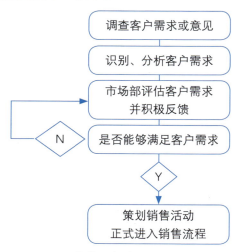

图8-1　售前服务计划制订的流程

（2）做好售中服务

售中服务，顾名思义是指在产品销售过程中为客户提供的相关服务。具体包括与客户进行充分的沟通，深入了解客户的需求，协助客户选购最合适的产品，以及解决客户在购买过程中遇到的困惑、问题等。

从这个角度来看，售中服务的过程就是销售的过程，围绕着销售机会的产生、销售控制和跟踪、合同签订、价值交付等展开，相当于为客户提供最合适的购买方案，这需要企业经营者、销售人员有一定的过程管理能力，使客户在购买过程中有享受感，增强客户的购买决心。

结合售中服务的概念和意义，可以发现其包括的内容有以下四项。

① 与客户深入交谈；

② 了解客户需求；

③ 化解客户异议；

④ 向客户介绍最满意的产品。

（3）做好售后服务

对于售后服务，大家是最熟悉的，也是关注最多的一个环节。它是指在商品卖出去之后，商家根据实际开展一些后续工作，比如，民意调查活动、听取客户对促销商品的使用感受，以及客户对促销有哪些改进意见等。

产品的售后服务形式多种多样，关于售后服务的内容主要体现在五个方面。

① 定期电话或上门回访；

② 及时处理客户来信、来访等投诉，解答客户的问题和困惑；

③ 实行包修、包换、包退"三包"服务，或者其他相关服务承诺；

④ 根据客户要求进行产品使用或技术指导工作；

⑤ 负责产品的维修服务，并提供定期维护和保养。

同时，值得注意的是，售后服务不但体现在接受客户的投诉上，还包括主动提供服务。因此售后服务的形式要多样化，要灵活。比如，网站民意调查、定期跟踪回访等。事后开展售后活动，有助于拉近企业与消费者之间的情感距离，有助于更好地制订营销计划，进而保证企业更好地发展下去。

服务作为销售活动中一项非常重要的活动，并不是孤立存在的，它运用于销售实践工作，在不同的阶段运用自身优势来带动销售，最大程度地满足客户的需求。

8.3　全员服务，人人都是服务人员

全员服务是指企业任何一个组织、一个团体、一个人，无论你是服务部门，还是非服务部门，是高层领导，还是基层员工，都要有为客户服务的意识，为客户服务的能力。

现在不管是餐饮行业、工业企业，还是互联网企业，都在逐渐地意识到全员服务的重要性，都在积极地探索全员服务的新思路。

第 8 章
服务营销策略：完善售前、售中、售后全程服务体系，打造服务机制

案例1

小米有一套"全员皆客服"的机制，即人人是客服，人人可参与客服，每个部门、每个人都有为用户提供服务的义务。例如，有用户在微博上反馈了小米路由器信号弱的问题，最后解决这个问题的可能不是服务人员、技术人员，而是产品经理。产品经理主要负责的是销售工作，怎么还去管产品的售后问题？在其他公司不可理解，在小米则行得通。

"全员皆客服"不仅体现在公司内部，还包括外部用户，一个用户可以为另一个用户解决问题，而且相互之间你情我愿，倾囊相助。这是因为大家都在小米这个平台上，有了一种荣辱与共、惺惺相惜之感，愿意去参与、去奉献。

"全员皆客服"，其实就是在激励参与感，激励员工、用户积极去参与公司的管理，这样一种氛围也使得问题解决起来更迅速、有效，更容易获得用户信任。

在小米，"全员皆客服"仅仅是参与感营销策略的一部分，它充分利用了社会化媒体的优势，提高用户参与产品制作、改进的程度，真正贴合用户的内心需求，解决用户在使用产品的过程中遇到的问题。

全员服务意识是要使企业全体员工在充分认识到整体的基础上，大家为一个共同目标：为客户提供满意便捷的服务。只有在客户满意的前提下，才能完成大家的工作任务。

全员服务的理念是人人服务、事事服务、时时服务、处处服

务、内部服务、外部服务，如图8-2所示。全员服务即指企业所有员工以服务为中心，整合企业资源和手段的科学管理理念，产品、价钱、渠道、促销（4P）和需求、成本、便利、服务（4C）等可控要素进行互相配合，最佳组合以满足顾客的各项需求（服务手段的整合性）；同时全体员工应以服务部门为核心，研发、生产、财务、行政、物流等各部门统一以市场为中心，以顾客为导向，进行服务管理（服务主体的整合性）。

图8-2　全员服务的理念

无论是对大公司还是小公司，全员服务都是适用的，其操作特别简单，关键是要坚持下去。那么，如何才能做到全员服务呢？应该从意识上、思想上、行动上等多个层面全方位动员，具体可从以下四个方面做起。

（1）提高服务人员的服务意识

提高优质服务重在对服务意识的认识，无论是直接提供服务，还是间接服务,都必须树立完善的服务意识。

(2)提高服务人员的服务能力

经常举行一些与服务有关的培训,慢慢地改正一些落后的服务理念和态度,树立正确的形象,提高服务人员的整体素质和服务能力。

(3)规范服务程序和标准

每个岗位都应该有服务程序和标准,至少我们在为消费者服务的时候都有个合理的程序和标准。这是做好全员服务的前提,只有服务程序和标准合理,消费者才会满意;只有服务程序和标准简单便捷,消费者才会更高效地购买。

(4)完善服务体系

专业化是全员服务最基本的特点,通常是由专业人员或团队来精密策划、高效执行负责,让客户感受到专业性极强的服务。

不仅要围绕产品开展核心服务,还应提供相关的服务,比如,技术服务、维修服务、保养服务、使用培训服务等"一站式服务"。由此可见,为客户提供系统化、系列化的销售服务,目的是扩大服务范围、提高服务质量、使服务增值。

同时,在服务手段上也应该追求多样化,多样化的服务摆脱了手段单一的缺点,这也是未来服务全面化的内在要求,现在有很多企业实现了生活中与互联网相结合的模式,多渠道、多手段、多方式综合进行,与传统的推广方式相比,更能满足客户需求。

8.4 一站式服务，彻底解决后顾之忧

做好服务永远是大多数企业在强调的，做产品必须辅以配套的服务，尤其是高端私人定制产品，消费者更看重服务层面。因此，对企业来讲，为解决消费者的后顾之忧，一定要着眼于长远，建立完善的、系统的一站式服务。魅族在对用户的服务上更是别具一格。

案例2

Flyme是魅族基于Android操作系统为手机量身打造的一个操作系统，旨在为用户提供优良的交互体验和在线服务。Flyme被人津津乐道的是其云服务，这是魅族免费提供给用户的一项服务，是魅族设计理念在软件更深层上的体现，也是魅族手机的核心竞争力之一，被魅族称为"产品的灵魂所在"。

它的主要功能是进行数据云端备份和手机定位，具体如图8-3所示。

Flyme云服务从M8开始做起，起初在M8上就叫作"账户和同步"，M9和MX上增加了允许查找手机的功能。虽然魅族还是一个不起眼的民营企业，但是Flyme云服务却让粉丝看到了大企业的做派。

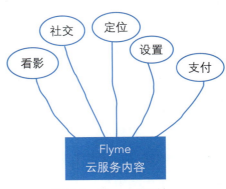

图 8-3　Flyme云服务

第 8 章
服务营销策略：完善售前、售中、售后全程服务体系，打造服务机制

吸引粉丝不仅要有过硬的产品，还要有完善的售后服务。魅族是比较晚才进军手机市场的，之前做MP3就保持着倾听用户声音的习惯。早期MP3市场竞争激烈，魅族与消费者通过互联网频繁互动，就产品性能、包装与消费者交换意见，依靠为数不多的几款产品，发展了一批忠实用户，靠的就是服务。而当决定改行做手机之后，又通过不断优化服务，与用户互动，黏住了数以万计的魅友，让他们甚至为一款M8手机死心塌地地等待了两年。

Flyme建立自己的服务体系除了完善产品本身的功能外，还通过多种措施建立外部服务体系，一个是线上官方论坛，一个是线下体验店，完美地将线上线下资源结合在一起，为用户提供一站式的服务。

（1）线上官方论坛

魅族是依靠互联网论坛逐步扩大其影响力的，最有特色的地方就是独特的论坛文化。魅族有自己的官方论坛，魅族论坛在魅族公司成立后不久开始组建，2003年6月，魅族的第一款MP3产品上市。与此同时，魅族的网站和论坛开通。正是这个论坛，成就了魅族的"江湖地位"。

从那时起，魅族就开始活跃在论坛上，跟网友们讨论关于魅族的一切问题。当时，黄章经常与网友们彻夜讨论关于产品的问题，有时候也会谈到人生理想，时间一长，网友们都知道J.Wong是魅族的老板。对于一个老板来说这是难能可贵的。据说，黄章早期时每天都会在论坛上泡几小时，从2003年起先后发布近6000个帖子，魅族员工也经常会去论坛发帖。

作为魅族粉丝的大本营，魅族论坛在其整体的网络营销中占据核心位置，承载着魅族发布新品、宣布重大消息、更新系统固件、收集产品问题、听取用户建议及意见的功能，同时，也会搞些线上活动。

魅族通过论坛经营一个"煤油"团队，这个群体由产品的强大凝聚力形成，并日益壮大，形成了一种"煤油文化"。由于产品口碑的不断积累，魅族论坛的用户越来越多，目前注册用户近200万，每日活跃用户在3万以上。

这些互动也会延续到线下，例如，魅友家活动，无论是小型的还是大型的都会陆续举行，有官方组织的，也有粉丝自发组织的，这些活动都体现出了深厚的魅友家文化。

（2）线下体验店

线上官方论坛是魅族粉丝的大本营，是粉丝沟通的纽带，同时，在线下魅族也非常有作为，那就是建立自己的体验店。在体验店内，除了为用户提供各种极致的体验，还负责产品宣传、产品销售、配件销售、用户服务等。魅族店员会为粉丝详细介绍每一款产品，为粉丝提供剪卡、贴膜等服务。尽管魅族产品类型不多，建立体验店看起来是一个高成本、低收益的策略，但魅族却不一样，已经得到了很多粉丝、经销商的大力支持。

可见，无论从运作模式上，还是规模上，体验店已经形成了一个比较完善的线下宣传阵地，大大稳固了粉丝与品牌之间的情感。

第9章

优势营销策略:

只有让消费者看到优势,
才能被折服

案例导读：乐百氏

乐百氏是食品饮料类品牌的后起之秀，刚上市时可谓是举步维艰。因为市场已经被娃哈哈、农夫山泉、康师傅等几大品牌占据。要想突出重围，就必须在与这些品牌抢夺市场中充分凸显自身优势。

因此，乐百氏的宣传策略非常有针对性，没有盲目、大范围地做广告，而是先对市场进行细致的调研分析，然后在此基础上确立自己的优势。

调研中发现，绝大部分竞品都在强调纯净，广告中也都在努力说水有多纯净。

乐百氏据此得出结论，既然所有品牌都在强调纯净，那么作为同类品也必须强调这一点，但又不能仅限于此，必须有所突破。

对于矿泉水，消费者的认知是水很纯净，但为什么纯净，纯净这两个字缘何而来却不知道。所以，乐百氏宣传的定位强调纯净水的来源，于是有了这样的广告语：

"乐百氏纯净水，27层净化。"

乐百氏重点突出纯净水是"经过27层净化"而来，并且在所有推销广告和营销活动中强调这一点，让消费者对纯净水有了更深层的了解，让消费者觉得很可信。

事后证明，乐百氏打开了市场，获得了大批消费者的支持，不但销量大幅上涨，市场份额也突出重围，得到了极大提升，位于纯净水品牌前列。

第 9 章
优势营销策略：只有让消费者看到优势，才能被折服

只要有市场就会有竞争，在品牌发展过程中，营销战不可避免。所以，营销战必须充分发挥自身优势，根据优势确定营销推广方案。乐百氏作为一个后起之秀，并没有铺天盖地地做广告，而是差异化营销，瞄准竞品所没有的，强调自身独特的东西，然后在宣传上给消费者一个新的概念。

成功的营销并不是花多少钱，请多少明星代言，而是要抓住消费者的心理，抓住消费者最需要的，让消费者从广告中获得不一样的体验。

9.1 制订营销计划书

品牌的打造离不开竞争，而且竞品不止一个，然而，如何打败竞品呢？最主要的一点就是知己知彼，找到竞争对手的不足，发挥自身优势。

然而，一个品牌如何确立自己的优势呢？优势不是一天可以确立起来的，而是个长期的过程，为了确立自己的优势，必须先做市场调研，形成营销计划书。

在营销计划书中，对每一个环节进行详细分析，包括市场分析、产品分析、广告战略等，营销计划书模板如表9-1所示。在所有分析中，对竞争对手的分析贯穿始终，这可以体现在市场分析中，也可以体现在产品分析中，还有广告战略、具体实施策略中。

表9-1　营销计划书模板

概述
（1）企业经营状况分析
（2）产品分析
（3）市场分析
（4）消费者研究
（5）广告战略
（6）宣传策略
（7）广告预算
（8）广告预算效果预测

最基本的必须搞清楚，行业竞争对手都有哪些，它们处于什么位置，实力有多强；哪些是要打败的，哪些是要防守的，具体要怎么做才能打败强者，计划出可以实施的方案，打击比自己实力弱的，追赶比自己实力强的。

提高企业在行业中的竞争力是一场战争，虽然不是明目张胆的争斗，却是十分残酷，每一场战争想要胜利，都必须做好充足的准备，如何保证不受损失，如何保证不被竞争对手打击，是快速结束还是长久战等都要进行计划，否则一着不慎，满盘皆输。

第 9 章
优势营销策略：只有让消费者看到优势，才能被折服

另外，能否确立优势，也与营销策略有很大的关系。竞争对手企业中的营销策略情况，如策略有什么特点、营销形式和风格是怎样的、具体是如何执行的、销售效果如何等，这些都需要了解。

9.2 蓝契斯特法则：如何判断竞争对手

历史上的战争告诉我们，任何战争都讲究一个兵力分配问题。虽然以少胜多的案例很多，但也有个基本规律，即双方的兵力悬殊不能过大。一场战争如果双方兵力有数倍的差距，那就是以卵击石。

战争都在遵循蓝契斯特法则，想要在营销战中取得绝对胜利就必须懂得这一法则，这个法则的核心是竞争双方的兵力差不能超过三倍。

那么，什么是蓝契斯特法则呢？具体可分为两个部分，如图9-1所示。

第一部分：单兵战斗法则适用于一对一或小区域作战。营销战中企业双方的损失数量是一样的，最开始的兵力差就是战争过后兵力的数量差。

第二部分：集中效果法则适用于大规模或者使用现代化武器战斗。在这种情况下，双方的战斗结果会和最初的兵力数量比成平方关系。

图9-1　蓝契斯特法则的两个部分

无论是哪一种，最后都证明，营销战中取得最终胜利的是有兵力优势的一方。那么，在营销战中，蓝契斯特法则是如何体现的呢？

（1）力量悬殊的最基本的分配是2：1

企业和竞争对手展开竞争的基础是力量悬殊不超过三倍，如果想要在营销战中获得最高利润，那么兵力差要在两倍或者少于两倍，这是两家企业竞争的最基本分配关系。

每一家要和竞争对手展开营销战的企业都应该以这一数据作为战斗的基础，有了这个基础，再做营销战的策划，做好营销力量和营销资源的分配，这样才能让营销战取得长久的利益，把成本和利润之间的比例做到最大化。

营销战也是残酷的，营销战略力是难以捉摸而复杂的，它覆盖了企业的品牌、形象、品牌的策划、研制、上市、宣传和营销等多个方面。营销战术力则恰恰相反，是可以触摸得到的，通过现实的沟通展现一家企业的销售能力，具体还包括销售团队的构成、销售人员的销售方式、促销方案、销售人员的专业水平等。

（2）保持3：1的市场占有率

虽然三倍兵力差是双方进行营销战的基础，不过两倍兵力差才有可能达到最高利润，竞争就是为了盈利，所以如果竞争过程中兵力差变成三倍，代表弱势的一方注定失败，此时就要保持现在拥有的兵力，寻找其他的竞争对手或者停止竞争，正常经营。

在市场竞争中，除了要时刻关注双方兵力差距之外，还要时刻关注双方的市场占有率，在营销战之前就做好市场占有率的目标管理。市场占有率的目标管理分为上限目标、下限目标以及相对安全指标。

上限目标是73.88%，如果企业拥有这个占有率，那就说明企业已经做到了独霸市场。下限目标是26.12%，这说明企业在市场中的地位很不稳固，容易被进攻，容易被取代。相对安全指标是41.7%，说明企业在市场的地位相对稳定，不过也不能掉以轻心，这样稳定的企业也是很多企业营销竞争的目标，想让它们挑战，打破这种稳定，抢夺占有率。

（3）采用正确的战略战术

任何战争都讲究战略战术，尤其是己方处于劣势时，若没有正确的战略战术执行，取胜的可能性就会大大降低。

最好的战术是三点战术，我们都知道三角形稳固性最好，在竞争中你与竞品之间最好能形成三角形的关系，示意图如图9-2所示。

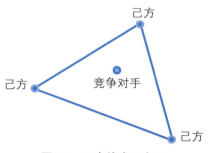

图9-2　三点战术示意图

三点战术的三个点代表己方，中间位置代表竞争对手。三角形的三个角可以利用区位优势，比如，自然环境、地理条件、人口密度、人口移动规律等。对这些优势进行分析，择优选择其中的三个，形成最佳三点，然后从三个点同时向中间的区域进行攻击。

（4）打得下，还要守得住

对于创新因素较多的新品牌，新开辟的市场因为无人占领，在进攻时可能并不会耗费太多资源，但是大多数情况下也不会长期独自占据。在高额利润的诱惑下，竞争对手会很快杀进来，其中很有可能就有传统品牌大鳄，重量级的竞争者。它们凭借其原有的品牌、资金、技术优势极有可能后来居上，把创新者从这片新辟的市场上赶出去。

因此，在开拓市场时还要考虑怎样建构竞争壁垒，做好防守准备。所以，在进行目标市场选择的时候，一定要量力而行，将有限的资源集中于一点，遵循"打得下，守得住"这一原则。

9.3 优势营销战：集中化战略

营销和战争有很多相似之处，很多企业都着眼于对市场的争夺。一方对于市场的占有必然导致另一方市场份额的减少。

集中化战略是指把企业所拥有的人力、物力、财力集中在一起去发展一个市场。这就像拳头打出去的力量总要比五根手指头的力量大得多，因为力量集中，所以也是最具有优势的。

集中优势竞争通过充分调动自己的优势，以使其能充分地发挥出来。采取此战略的企业，着眼于企业人力、物力、财力的集中充分发挥，而把其他条件降到次要的位置。虽然竞争对手很强大，但力量分布大多比较均匀，这时如果力量集中攻击强者任何一个市场都有优势，可以快速打开市场，占据市场有利位置，提高竞争力。

那么，在实际操作中，如何集中优势把这一策略发挥到极致呢？可以从如图9-3所示的三个方面做起。

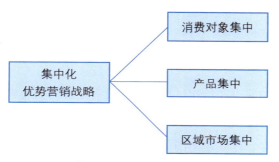

图9-3 集中化优势营销战略包含的内容

（1）消费对象集中

消费对象集中就是在市场调研的基础上，进行细分市场、锁定目标消费者，准确区隔，集中优势迅速抢占这一市场。

例如，初元食品就是采取这一策略，锁定看病人的购买者，提出"看病人送初元"的主张，对目标市场集中优势进行猛攻，在很短的时间内初元变成了看病人礼品的第一品牌。

再如，脑白金集中到礼品市场、日加满功能饮料专为精英人士以及太太口服液等，这些品牌都采取针对某一市场，集中优势来达到该领域或某一市场的第一品牌。

（2）产品集中

产品是品牌建设的基础，是品牌与消费者对接的载体。产品的结构组合是否科学合理，直接影响品牌的推广。很多企业在产品推广方面存在诸多问题，总想以产品多来取胜，而不是以精取胜。很多企业在产品开发方面少则几十种,多则上百种,其中没有高低、主次之分。

事实证明,做得好的品牌初上市期采取的都是产品的集中策略。例如,蓝色经典,当初只推出海之蓝和梦之蓝两款产品。

(3) 区域市场集中

在品牌的建设和运作过程中,若没有足够的实力最好不要全面"撒网",要学会重点"捕鱼"。最好是采取区域市场集中运作,进行精耕细作,建立起牢固的根据地,要先树立区域的强势品牌,做强再做大,再进行逐步扩张。

如皇沟酒业,将河南省永城作为自己的根据地,进行精耕细作,年销售额上亿元;巨尔牛奶在洛阳,绿健牛奶在徐州等,这些品牌都是运用这一策略,而且都取得了骄人的业绩。

然而,这也有一定的风险,当所面对的局部市场的供求、价格、竞争等因素发生变化时,就可能会使企业遭受重大的损失。所以,集中化战略真正执行起来也是很难的。

这就对集中化战略的实施提出了更高的要求。集中化战略要求,致力于某一个或少数几个消费者群体提供服务,力争在局部市场中取得竞争优势。

因此,集中化战略的目标,是在一个小范围的市场内达到差异化和低成本,不要奢求全面。比如,一些中小型企业,由于不能与大型企业争夺全面的竞争市场,必须局部突破,把品牌做到极致,做到专业,做到无与伦比,在稳定中慢慢发展,逐步稳固自己在市场中的地位。

9.4 优势营销战：侧翼进攻法

市场营销战类似于古代战争，不只有正面进攻一种方式，也可以采取侧翼进攻。当正面进攻遇阻时，可以采取侧翼进攻的方式。

正面进攻是正面战，直接与竞争对手发生冲突，侧翼进攻是一种迂回战，适合以弱胜强、以少胜多的情况。核心就是集中自身优势，攻击对手的薄弱之处。

这种战术运用到营销中，可以分为两种方式来执行。

第一种是根据销售区域进行侧翼进攻。分析竞争对手的销售区域，看哪个区域处于弱势，或者在哪个区域还有空白市场，企业可以在这些区域建立或加强销售力度，弥补市场空缺，从而获得利益。

第二种是根据市场细分来进行侧翼进攻。分析竞争对手在市场内的细分，看市场内的哪些细分品牌比较弱，集中对此展开分品牌的开发和营销。做到竞争对手没有做到的，就能拥有绝对份额。

然而，侧翼进攻也不是万无一失，因为最强、最有利的资源总是掌握在竞品手中，一个小小的疏漏都有可能导致全军覆没。

方便面行业中的新贵五谷道场，就是因为传播操作不当，引起整个行业的公愤。如果自身实力较强，行业中又没有特别有实力的领先者，则可以放眼全国市场，迅速建立品类领导者地位。

实力不强者可以进行集中市场营销策略，选择潜在竞争者力量薄弱的地区，避其锋芒，攻其虚弱，集中力量建立根据地，先生存后发展。切记不可锋芒太露，树敌太多，这样容易引起注意，招致反扑或引来不必要的市场阻力。

侧翼进攻方式并不是每一家企业都会采用，它必须制订可行性、详细的计划，对人员和时机进行合理安排，每一个细节都要安排好。要对这个领域有一定的了解，看好这个领域，有长久的可行性计划。

如果企业决定进行市场营销，那么就要快速行动，机会不等人，早起的鸟儿有虫吃，晚了一步，左顾右盼，可能就让其他企业抢占先机，在市场营销战中，不存在后来居上，谁先行动，商机就是谁的，胜利就属于谁。除了快速，还要低调进行，让竞争对手有所察觉，一切都会前功尽弃。

第10章

共生营销策略：
共生是品牌未来生存与发展的必然

案例导读：王老吉

王老吉最初只是一个很普通的品牌，今天发展到凉茶品牌领导者，不能忽略它的共生营销策略。2016年是国产综艺转型年，综艺节目也希望借助品牌扩大自己的影响力，这一年涌现出许多综艺节目，大都反映品牌。其中有一档节目《我们十七岁》则是少有的几档热播节目之一（网络播放量超过6亿，微博话题超过13亿次，收视率也遥遥领先）。

这档节目针对的是年轻人，邀请的嘉宾也都是青春偶像派，青春、时尚、活力，这与王老吉的定位是一样的。王老吉的主要消费者群也是年轻人。

为了让王老吉在节目中更加深入人心，王老吉不仅出现在最后的鸣谢和综艺中，王老吉的广告还加入片头宣传、口播、道具、压屏滚字、微信、微博、弹幕等一系列宣传中，让所有关注节目的观众同时注意到王老吉。

后来，随着《我们十七岁》这档节目的热播，王老吉的曝光率也大增，品牌影响力进一步提升，销售额显著增加。

而《我们十七岁》这档新生节目，也借助王老吉这个大众化的品牌，走入大众视野。借助公众品牌，《我们十七岁》不仅打开了知名度，还制造了许多话题。娱乐节目其实看的就是大众的参与度，参与热情越高，说明越受欢迎。

王老吉的文化定位是"过吉祥年，喝王老吉"，与这档节目的

> 播出时间也非常契合——正值年初。年初，是中华传统文化集中展现的一个时段，元旦、春节、元宵节多个传统节假日集中在一起。正是时间上的高度吻合，这档节目当时的热度非常高，参与讨论话题的人很多，微博话题超过13亿次就是明证。

王老吉与综艺节目《我们十七岁》通过相互借势，实现了双赢，这就是一种共生营销。这种共生营销的宣传效果要远远好于单纯的广告宣传。这是一个大营销时代，任何一家企业都不可能完全依靠自己的力量生存，合作才是王道，这样的案例数不胜数。

10.1 共生营销给企业带来的变化

共生营销是指两家或者两家以上的企业，通过分享营销中的资源，来降低营销成本，提高效率，增强市场竞争力的一种营销策略。

共生营销强调的是企业间要加强合作，发挥各自所长，实现互惠互利，打破原先各自为政的局面。如今，越来越多的企业开始使用这一策略，不仅在关联企业之间，不关联企业之间的合作也频频发生。

例如，圣诞节当天，如果消费者购买一杯40元以上的星巴克咖啡，那么就可以得到一个由The Green Party赞助的圣诞杯套一个。

星巴克增加了销售额，The Green Party增加了品牌曝光度，推广了自己的品牌。与此同时，消费者在购买咖啡的同时，还得到一个杯套，心里感到很值。这就是共生营销的目的，实现了多赢。

作为现代企业应该意识到相互诋毁，持"老死不相往来"的态度，再也不是对待竞争的最佳方式。相反，合作共生才有生存的机会，认清目的，精诚合作，就能简单而快速地看到收益。

共生营销对企业营销和发展十分有利，具体好处有如图10-1所示的五个。

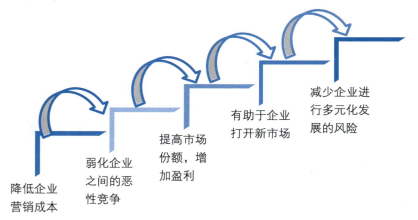

图10-1　共生营销给企业带来的效益

第一个效益：降低企业营销成本

企业的营销成本往往非常高，需要投入大量的人力、物力和财力来支撑。这些花费对大企业而言尚可支撑，而对中小企业而言有时根本不堪重负。再加上激烈的竞争，很多企业即使投入很大也很难收到预期效果，品牌推广仍是问题。

共生营销可以有效解决这个问题，一份营销费用由两家或者两家以上的企业来分担，两家企业的压力都会减轻，费用减少一半，

第10章
共生营销策略：共生是品牌未来生存与发展的必然

结果事半功倍。

第二个效益：弱化企业之间的恶性竞争

共生营销强调的是企业间的合作，可有效避开恶性竞争。通过共生企业不会因为恶性竞争而对品牌降价，不会进行促销，也就不会有亏损。对于企业来讲，不亏本就是盈利，因此，从这个角度来说，共生营销可以保护企业。

第三个效益：提高市场份额，增加盈利

虽然共生营销是与其他企业合作，收益上比企业单独营销少，但是还是有收益的，只要品牌成功销售，获得收益，那么企业在市场中的竞争力就会提高，市场份额也会变多。这两个方面提高了，企业在行业中的地位就变得坚固。

第四个效益：有助于企业打开新市场

企业和其他企业建立合作进行共生营销，就代表这两家企业可以共赢。在进行共生营销之前，企业双方会对对方进行了解，了解一家企业就表明打入了这个市场领域。企业在共生营销之前对这家企业没有了解，营销之后两家企业实现了共赢，对于企业自身也是一种进步。

第五个效益：减少企业进行多元化发展的风险

如果一家企业和排名第一的企业竞争失败，就会考虑发展新领域的企业打败排名第一的企业。进入一个陌生的市场领域不仅需要长时间的调查研究，还需要花费大量的资金，即使付出也可能不成功，所以企业实施多元化发展要承担很大的风险。共生营销是和一家已经存在的企业展开合作，对方也在领域内经营多年，对市场了解,是两个市场内的老面孔合作,不需要承担任何风险,所以共生营销还可以减少企业发展多元化的风险。

10.2 共享销售渠道

影响品牌推广与销售的重要因素之一就是渠道,每家企业都有自己的渠道,但只有自己的渠道是远远不够的,很多时候需要与联盟企业、合作企业进行互换,共享各自的渠道。在共生营销中,渠道共享是主要内容之一。

案例1

加拿大二十世纪福克斯公司(Twentieth Century Fox Films of Canada)与加拿大卡伯利饮料公司(Cadbury Beverages Canada)通过动画片《安塔莎》(*Asastasia*)的发布,把动画片与Canada Dry和C Plus两个品牌的饮料联系起来,使得两家企业的产品都突破传统的销售渠道,获得了明显的效益,尤其是引起了人们的特别关注。

之后,在卡伯利饮料销售店中可以看到福克斯公司的影碟,在影碟批发商和零售商店中也出现了卡伯利饮料的身影。这种共生营销方式为打开销路做了很好的铺垫。

利用共生营销实现销售渠道的共享,就相当于让自己的品牌有了多一倍的曝光渠道,从而带来产品销量的提高。

对于企业来讲，要想开发一条新渠道需要较长的时间验证，而且效果不一定好，而与合作企业共享就会很好地避免这些问题。和企业共享品牌销路就不会有这些问题的困扰，效果也会立竿见影。

共享销售渠道的好处有以下两个方面。

（1）提高大众对品牌的关注度

在信息时代，信息的大量冲击造成消费者对一般化信息的麻木，所以，注意力成为一种新的经济资源。这也是为什么许多广告宣传无法引起人们的特别注意，而共生营销具有特别的形式，能以另一种方式引起人们的特别关注。

（2）加快新品被市场接受的速度

与共生企业共享销售渠道，多发生在产品上市初期，目的就是让产品能够快速进入消费者的视线。一个新品刚上市，因为关注度低，需要另一个强大品牌的带动和助力。有了另一个成熟渠道的依托，品牌爆红的机会就会大增，甚至在上市之前，在共生企业市场已经占有一定的份额。

两家或更多的企业共享销售渠道，可以加快产品的销售，与之对应的是企业库存压力也会大大降低。同样一个产品，由原本的一个人做变成两个人或一个团队做，效率就会大大提高，最后结果就是双方企业都能取得事半功倍的效果。

因为有了共生企业的帮助，品牌宣传与营销之路变得更加宽广，没有限制，只要有合适的合作企业，一定要优先进行渠道上的合作。

不过，共生营销中的渠道共享虽然对品牌营销有很大的帮助，但有一点还要注意，就是尽量在利益上协商一致，以不占据合作企业的市场份额为前提，实现共赢为目的，以避免引起冲突和矛盾。

10.3 联合促销联姻

营销是一个由多个环节组成的管理活动，其中很重要的一个就是促销。促销就是营销者向消费者传递有关本企业及产品的各种信息，说服或吸引消费者购买其产品，以达到提高销售量的目的。

最近几年兴起了一种新的促销方式：联合促销，即联合两家以上的企业或品牌合作开展促销活动，从而把信息传递给更多的目标对象，以更好地影响其态度和行为。联合促销脱胎于共生营销，是共生营销最主要的内容。

（1）联合促销的好处

联合促销最大的好处就是，让促销最大限度地发挥功能，收到理想的销售转化，甚至达到单独促销无法达到的特殊效果。

同时，还可以使联合体内的各个成员，以较少的费用获得较大的促销效果，让联合促销的各方，都能最大限度地暴露在目标消费者眼前。

（2）联合促销的方式

1）品牌相互绑定

绑定是一种十分常见的联合促销方式，是指一个产品与另外产品进行绑定销售，以达到带动销量的目的。这种方式多运用于两个相近的品牌之间，比如，A是洗衣机，而B是洗衣粉等，相互之间有高度重合的消费需求。

具体方法是指，将A与B进行绑定，让消费者每次在购买A的同时，必然会选择B。这样，B的销量就会被A带动起来。因为消费者受A品牌的晕轮效应影响，自然会对B品牌好感倍增。即使有一天A品牌和B品牌结束了合作，B品牌也会受到消费者支持。

案例2

小天鹅与碧浪曾多次开展"小天鹅—碧浪洗衣房"促销活动。活动中在碧浪洗衣粉的包装上写着"推荐一流产品小天鹅洗衣机"，小天鹅在销售时，则赠送碧浪洗衣粉给顾客使用，结果使双方的知名度和销量都有了提升。

2）借助品牌元素

这种联合促销方式是指将一个品牌的某个元素，融入另一个品牌中来进行促销。这些元素包括企业名称、品牌LOGO、宣传语、经营宗旨等。当然，这种方式带有做广告的意味，A品牌借用了B品牌的某个元素，就需要支付B品牌相应的费用，借用的元素越多，支付的费用就越高。

因为一次联合促销的成功，很多企业达成了长期合作的意向，类似联姻，从短暂双赢转变成长期双赢。从联合促销中可以得出，企业的合作是一种重要战略，有一个好的合作战略不但可以节省许多人力、物力和财力，还能创造新的辉煌，更上一层楼。

案例3

2015年10月31日,海达电器联合海尔举办了一次促销活动,活动目标是在海达整个产品系统中,有针对性地推广海尔品牌的8个品类。这次促销活动非常成功,短短6小时内达到了3700万元的销售额,比预期的2456万元高出一倍多。

海达电器这次成功的促销,就是与海尔的联合,并且巧妙借用了海尔的多个元素。

首先,活动主题宣传海报的设计。在海报设计上重点体现海尔家电,突出6小时,在海报中间用一个圆形将活动主题聚焦展示,下方将参加活动的海尔8个品类做了明确的标记,并列出活动的时间及区域门店。

其次,在海达电器总店门口,活动开始的前一周做布幔展示,体现的是海达电器什么时间做什么活动,重点把顾客对价格的想象,将6小时超乎想象也是聚焦到价格上。毕竟对于消费者来讲,最关注的一定是价格。

10.4 共享客户资源

客户资源对于一家企业来说,是非常重要的,企业不仅要做品牌,进行产品销售,更要注重客户资源的获取和保护。在企业中,客户就是财富,客户资源越多,企业的发展空间就越大。

共生营销中有一个主要内容就是共享客户资源和信息,两家或多家企业能够共享客户资源，大大拓展了企业获取客户资源的途径，对企业营销是十分有利的。

不过，共生营销对客户资源的共享是有一定要求的，即消费者的需求要有一定的相似性、关联性，最好是需求高度一致的消费者。

比如，一家卖高级红酒的企业与一家卖中低档香烟的企业是无法实行共生营销的。因为购买高级红酒的消费者都是有身份、有较大购买力的，某种程度上喝红酒是出于体现自己的情趣和身份。而中低档香烟不符合他们的身份，当礼物赠送也不体面。鉴于此，即使免费赠送，这类消费者也不会乐意接受。

这说明，实行共生营销的双方所拥有的消费者群体，购买力、爱好、身份等要高度重合，重合度越高，共生营销成功的概率就越大。

共享客户资源的好处，具体表现在以下两个方面。

（1）降低品牌营销成本

客户资源代表企业的财富，共享客户资源就是共享财富，共享客户资源最大限度地降低了企业的营销成本。

B2B网上联盟是一种新型的电子商务，两家企业之间进行品牌、消费者信息和服务的交换，这样可以降低品牌营销成本、采购成本、库存成本，缩短周转时间，扩大市场，有更广阔的发展空间。

（2）为产品生产提供依据

两家或多家企业合作，组成一个更大的信息网络。这些信息反馈到生产部门，就会对生产起到指导作用。当客户需求信息反馈到生产部门后，他们就知道哪种产品销售得好、哪种产品销售得不好、哪种产品单品利润大等。对此，生产部门可以根据需求调整生产计划，提高企业生产效率，减少库存。

共享客户资源对企业有很多好处，但对消费者来讲就不一样了，因为这可能会涉及客户信息的泄露。现在，无论是国家层面，还是客户自己都十分重视信息保护，企业不可擅自泄露给第三方。

所以，在共生营销中，需要解决的最大问题就是如何让消费者同意，并乐意将自己的信息进行共享。首先需要征得客户同意，赢得客户信任，这是第一步，也是最关键的一步。其次向客户说明合作意图、能获得的好处等。最后采取正确的方法向客户展现利益所在，如图10-2所示的方法可以刺激客户同意资源互换。

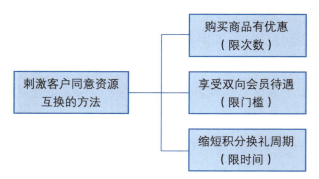

图10-2　刺激客户同意资源互换的方法

第11章

多样化营销策略：
品牌多样化扩大营销盈利空间

案例导读：喜之郎

成立于1992年的喜之郎，总部位于广东深圳，是果冻食品领域的佼佼者，主要生产果冻、布丁、海苔、奶茶等食品。最初只是一个地区性的小品牌，经过近30年的发展，成长为国内果冻食品领域最好的品牌之一。

喜之郎之所以能够取得这样的成绩，与其一贯坚持的品牌扩展战略有关。喜之郎在刚成立的三年多时间里几乎没有什么发展，与竞品相比差得很多。三年后喜之郎改变了发展策略，开始了品牌扩展，并委托一家广告公司进行品牌推广。

品牌扩展分为两部分，一个是积极开拓更大的市场，实施走出去战略；另一个是重新明确受众定位，增加产品品类，由小众市场向大众市场转变。

开拓更大的市场最具代表性的做法就是花巨资投放广告，加大宣传力度。正是宣传力度大增，消费者需求被激发了出来，据当年一份调查显示市场销售额增长到了30亿元。

在进行市场开拓的同时，喜之郎也在积极丰富自己的产品线。比如，最初定位只做儿童果冻，后来将产品进行纵向和横向扩展。纵向是围绕果冻做细分，力争做出差异化产品，如除做常规口味的果冻外，还相继推出CICI果冻、果肉果冻、可吸果冻，给消费者带来更多样化的体验。

由于最先的群体定位是儿童，因此外包装、容量都是按照儿童

第 11 章
多样化营销策略：品牌多样化扩大营销盈利空间

> 规格设计的。在进行品牌扩展后，喜之郎重新调整了外包装，增加了分量，使之成为全民果冻，不但保留了原先的消费者群体，还吸引了新消费者。比如情侣果冻，设计了非常应景的心形包装，起了一个非常好听的名字：水晶之恋，成功地吸引了许多年轻人的注意。
>
> 横向扩展是在主打产品果冻的基础上，推出周边产品，比如，布丁、奶茶、海苔、巧克力等。喜之郎以自身的优势产品为基础，进行消费者群体和产品的扩展，大大拓展了市场。

对于一个品牌而言，进行品牌扩展是非常必要的，之后拓展市场份额才能不断增多，市场竞争力才能越来越强大。

11.1 品牌扩展是营销工作的一部分

产品销售是市场定位的最终目标，而品牌始终影响着这个目标的实现。品牌扩展策略，又称特殊品牌策略，是一个具有广泛含义的概念。它涉及的内容比较多，概括地讲就是对品牌进行延伸，泛指一切运用品牌及其包含的资本进行发展、推广的活动，目的是让原有的品牌进入一个完全不相关的市场。

品牌扩展涉及的内容较复杂，具体运作的方式也非常多，常见的有四种，如图11-1所示。

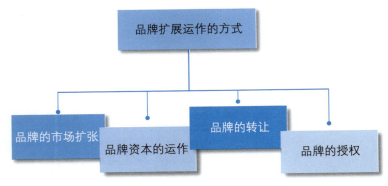

图11-1　品牌扩展运作的四种方式

许多品牌在发展过程中都会有一个扩展的过程,纵观国内国际上的一些大品牌,大都经历过这么一个过程。

那么,品牌为什么要进行扩展呢?

(1) 同行竞争变化的需要

企业的生存与发展与同行竞争力的强弱有密切的关系,而如何在与同行竞争中占据主动呢?那就是进行品牌扩展,进一步扩大原有品牌的知名度、影响力以及产品需求。为了迎合不断发展变化的同行竞争,品牌也必须随之调整。

案例1

青岛海尔集团是我国著名的企业,20世纪80年代中期,海尔最初推出的是海尔系列冰箱,经过努力树立了海尔品牌的知名度、美誉度以及信任度、追随度。随着其他冰箱品牌的推出,海尔集团适时调整产品线,又推出了海尔洗衣机、海尔电视机等众多产品,使人们带着对海尔冰箱的赞誉、信任去消费海尔的其他产品，使人们认为海尔的其他产品也是高质量的、可靠的、值得信赖的。

（2）市场需求不断变化的需要

在品牌林立的今天，品牌迭代非常快，老品牌更新换代，新品牌不断涌现。品牌格局的变化也带来了市场需求的变化。而市场需求一旦发生变化，企业就要调整品牌运营策略，进行品牌扩展。

案例2

以智能手机为例。现在的智能手机更新换代非常快，几乎每半年就有一批新产品上市。一些名牌手机，哪怕就改变了一个很小的功能，也能在很短的时间内引发购买热潮。这就是企业实施了品牌扩展的战略。例如，上半年某手机像素1600万，消费者就觉得很好，但几个月后，2000万像素出现时，那么，1600万像素的就失去了市场竞争力，企业就要想办法生产高于1600万像素的手机。

同时，哪家企业率先生产出高像素手机，就可以以最快的速度占据市场。随着科技的发展，品牌的生命周期不断缩短，这也意味着企业进行品牌扩展的速度要加快，否则就无法适应市场的发展，无法在市场中占有一席之地。

（3）企业多元化经营的需求

品牌扩展是企业多元化发展的必经之路，重视品牌扩展，才能实施多元化发展。

品牌扩展有两层含义，一是增加与主产品相关的细分产品。例如，一家以生产销售电脑为主的企业，可以基于电脑打造自己的零部件品牌，音响、键盘、鼠标、机箱、显示屏等，将与电脑有关的一切零部件产品发展成自己独有的品牌。

品牌扩展根据同一品牌为不同市场提供不同的产品，允许消费者为同一品牌做出不同的选择，满足客户的不同需求，提高产品的购买率，提高客户的忠诚度，扩大品牌的市场份额。

品牌扩展的另一层含义是发展新品牌。新品牌预示着一个新的市场、新的机会，企业有了新品牌，就意味着有了新的消费需求。

如果企业的产品结构不能根据市场环境增加新品牌，其市场将逐渐失去并最终消失。因此，企业需要对其品牌产品进行细分，以响应不断变化的市场竞争需求，并使其产品线适应消费者的多样化和多层次需求。

11.2　品牌扩展的3种类型

品牌扩展不仅是宣传企业产品，也是影响消费者选择意向的重要因素。而且品牌知名度、影响力越大，对市场、对消费者的影响越大。因此，品牌在发展过程中有必要进行扩展，有助于丰富产品种类、拓展市场。

从某种程度上看，品牌扩展是连接消费者与产品的纽带。那么，品牌扩展有哪些类型？一般有三种，如图11-2所示。

第11章
多样化营销策略：品牌多样化扩大营销盈利空间

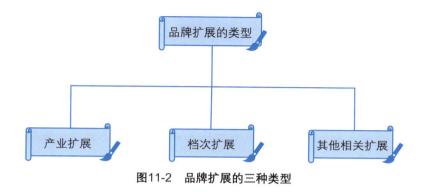

图11-2　品牌扩展的三种类型

（1）产业扩展

从产业相关性分析，品牌扩展可向上、向下或同时向上向下进行，比如石油加工业向原油开采业的扩展是向上扩展，向石油精细加工或销售流通业的扩展是向下扩展，同时向原油开采和精细加工或流通业的扩展便是既向上又向下的双向扩展，采用这一扩展方法，企业可以向上控制原材料供应，向下控制产品的销售网络。

另一种扩展方法是平行扩展，也可以称为平面扩展，是向同一层面的扩展。比如，果奶向鲜奶、酸奶的扩展。平行扩展一般应具有相同或相近的目标市场或销售渠道，特别是与主力品牌相竞争的品牌或行业。产业上的扩展往往使企业更庞大，形成集团力量，加强风险抵御能力。

（2）档次扩展

在产品线上增加高档次产品项目，使产品、品牌进入高档市场，是向上扩展的档次扩展技巧。

案例3

日本企业在汽车、摩托车、电视机、收音机和复印机行业都采用了向上扩展的档次扩展技巧。许多发展中国家从发达国家引入先进的高档生产线，在高档次上扩展，均是采用这一技巧。而20世纪60年代率先打入美国摩托车市场的本田公司将其产品系列从低于125CC延伸到1000CC的摩托车，雅马哈也紧跟本田陆续推出了500CC、600CC、700CC的摩托车，还推出了更高档的三缸四冲程轴驱动摩托车，从而使品牌向高档次扩展，加入了大型摩托车市场的争夺。

在产品线里增加较低档的产品，使品牌向下扩展，是向下扩展的档次扩展技巧。这种技巧主要是利用上游高档名牌的声誉，以及人们的慕名心理，吸引购买力水平较低的顾客，购买这一名牌中的低档产品，但这种做法风险很大，极易损害名牌高品位的信誉。

还有一种情况，如同产业扩展一样，档次扩展也可以双向扩展，即原来的中档品牌向产品线的上下两个方向扩展，一方面增加高档产品项目，另一方面增加低档产品项目。

案例4

日本精工在20世纪70年代后期的钟表业市场竞争中就采用了这种技巧。当时正逐渐形成高精度、低价格的数字式手表的需求市场，同时，精工也看到了高档手表市场的高额利润，于是精工以脉冲星为品牌推出了一系列低价表，从而渗透了这一低档产品市场。

同时，它亦收购了一家瑞士公司，连续推出了一系列高档表，其中一款售价高达5000美元的超薄型手表进入了最高档手表市场。精工的双向扩展使其抓住了来自各方面的机遇，但在双向中它并没有使用相同的子品牌。

（3）其他相关扩展

除了前面介绍的两方面品牌扩展操作技巧外，还有其他相关扩展，它对于新成长起来的品牌非常有意义，如表11-1所列。

表11-1　品牌其他相关扩展的内容

层次	内容
第一层	单一品牌向多种产品扩展延伸，成为名牌系列。如金利来开始以领带品牌成名，之后扩展到金利来皮鞋、服装、箱包等商品上
第二层	某一行业向不同行业扩展，在一个总的品牌树下形成品牌集群。比如，在联想总的品牌下，可以向高、中、低档扩展，也可以向其他行业（比如金融业等）扩展
第三层	一国一地的本地化品牌向世界各地扩展，成为世界名牌。如可口可乐的市场区域由美国的一个小城逐渐扩展至全国，最后成为世界性品牌

品牌无论如何扩展，使企业获益，被消费者接受、认可是不能回避的，扩展技巧的使用，有助于这一目的的实现。

11.3 品牌扩展应坚持的原则

品牌扩展陷阱有很多，很容易走错，但是也不能因为陷阱就放弃品牌扩展，一个企业管理人不仅要有能力，还要有胆量。品牌扩展有陷阱，还要通过品牌扩展来提升品牌的价值，那么，应该怎么做才能达到品牌扩展的效果呢？需要坚持三个原则。

（1）体现原品牌的核心价值

品牌的价值是一个品牌最重要的部分，是消费者对品牌的第一印象，也是信赖并支持品牌的原因。消费者能够通过品牌价值选择产品，这是因为品牌价值观和消费者理念产生了共鸣。因此，一个品牌无论怎么变，自始至终不能忽视的就是品牌的核心价值。

所以在扩展品牌时价值的体现很重要，必须充分理解原品牌的价值观。新品牌所体现的价值要与原品牌一致，或相呼应，这样新品牌的出现才不会让消费者感到突兀。

新品牌的价值就是把原品牌的价值加以延伸，因为核心价值相同，所以才一脉相承。

（2）要有鲜明的个性、特色

因为有个性和特色，在新品牌上市时才能第一时间引起目标消费者的注意。有很多企业在做品牌扩展时，仅仅是将原品牌进行简单的复制，或稍做变动，这是远远不够的，品牌扩展主要的还是创新，有个性、特色。否则，新品牌是没有生命力的，会让消费者感觉到空洞、无力。

（3）当品牌足够强大时不宜再做扩展

如果品牌已经做到了行业翘楚，那么就不再适合做扩展。成为领军品牌代表它得到了广大消费者的完全信任，奠定了品牌独一无二的市场地位。

如果再进行扩展的话，那么必定会引起消费者注意力的分散，削弱在消费者心中的地位，让原品牌在消费者心中的印象逐渐变淡。

当品牌发展到足够强大，就努力把这个品牌做精做细，做到无人撼动，做到别人不敢觊觎。专心做一个品牌，不忘初心，这是品牌扩展的一个重要原则。任何事情都是过犹不及，品牌扩展也是这样，不忘初心才能让品牌扩展有意义。

11.4 谨防陷入品牌扩展的陷阱

品牌扩展并不是一件容易的事情，在企业中，每一步都要小心谨慎，考虑周到。品牌扩展对企业的发展有着非常重要的作用，更要前思后想。科技的发展已经向我们证明了，动脑比动手更加重要，用脑比用力有用，在做品牌扩展的时候同样要动脑，想出策略，才能让品牌扩展更加顺利，带来更多的效益。

在品牌扩展中，最重要的一个策略就是在已有品牌的基础上延伸新品牌。这类扩展方式有很多好处，首先，可为企业创建新品牌节省时间，在短时间内让企业确定品牌定位；其次，帮助企业节省生产新品牌的成本；最后，由于原有品牌在市场中已经有一定的口碑和信誉，还可以为新品牌的上市做铺垫，帮助新品牌快速打开市场。

然而，品牌扩展不仅对新品牌有益处，如果没有把握好品牌扩展的精髓，很容易掉进陷阱中。

那么，品牌扩展过程中会陷入哪些陷阱呢？具体有如图11-3所示的四个。

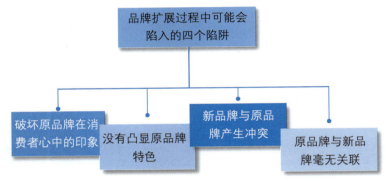

图11-3　品牌扩展过程中可能会陷入的四个陷阱

陷阱1：破坏原品牌在消费者心中的印象

既然是品牌扩展，那么延伸的品牌不管是在质量上还是在价格上都要和原品牌相匹配。如果新品牌价格比原品牌价格低很多，那么就会让消费者认为原品牌也是不值钱的，欺骗了消费者。

如果新品牌价格远远高于原品牌，那么就会降低原品牌的级别，企业好不容易建立的品牌声誉就会受到损害。如果新品牌的质量没有原品牌好，同样会让企业的信誉受到损害。因此，品牌扩展最重要的一点就是保证两个品牌具有相同的质量、相似的价格，适用于相同的消费者类别。

陷阱2：没有凸显原品牌特色

每一个品牌都有自己的特色，也是因为特色不同，所以才有不同的品牌。品牌扩展不仅要延伸品牌的名字，最重要的是延伸品牌的特色，这样才能让品牌更加深入人心。品牌的销售依靠的是品牌特色，如果在宣传时没有凸显原品牌特色，那么品牌扩展生产的品牌就是虚有其表，消费者自然不会买账，所以，没有凸显原品牌特色的新品牌不会有预期的销量，还会降低原品牌的销量。

陷阱3：新品牌与原品牌产生冲突

品牌扩展的新品牌要与原品牌有清晰的界限，虽然需要有相似性，相同的消费者群体，但需要有不同的特色，侧重性不同。否则会自相矛盾，令消费者在选择上出现困难，品牌也会被削弱。

陷阱4：原品牌与新品牌毫无关联

不管是专一发展还是多元化发展，都是以发展原品牌为目的，所以两者之间也不能完全没关联。做与原品牌没有关联的，即使成功也对品牌没有益处。所以只做与原品牌有关联的品牌，才能真正地提高品牌影响力。

第12章

社群营销策略：
做线上营销必须构建社群

第12章
社群营销策略：做线上营销必须构建社群

案例导读：知味葡萄酒杂志

知味葡萄酒杂志专注于为葡萄酒爱好者提供葡萄酒文化、专业品酒知识、实用买酒建议的品鉴体验。自创业以来，知味的推广与内容始终以社群为核心，通过专业、垂直的葡萄酒媒体内容和线下的葡萄酒教育体系，一跃成为国内最火的葡萄酒媒体，超过50万规模的葡萄酒爱好者聚集到了葡萄酒文化社群里。

在社群运营上，知味葡萄酒杂志并不用传统方式，单纯地收集会员的联系方式，做通讯录，或者是在社群内群发广告。而是根据个人偏好及消费行为特征构建社群，并提供增值服务，规避"商业激励"，采用"情感维系"，升华客户与品牌的关系。

在获取用户资料的基础上，还采用分类标签的方式，进一步分析用户数据，找到用户的内容偏好。精准的分组使得社群活跃度非常高，而且还为精准定向地向用户发送他们感兴趣的内容信息和产品营销内容提供了有效途径。这样，不管用户是看一篇特定内容的微信图文、参加一场特定主题的品酒活动，还是购买了周边产品，知味都能通过不同主题的话题社群将用户组织到一起。

同时，基于对庞大的粉丝数据系统进行挖掘，知味葡萄酒杂志还为其粉丝发送完全个性化的促销信息。例如，知味可以设定自动流程规则，让系统自动向在过去一个月内参加过入门级葡萄酒培训课程的客户发送中级葡萄酒培训课程的培训信息。这样个性化、差异化的优惠大大地提高了粉丝购买的可能性，也降低了信息推送

> 的成本。
>
> 　　知味葡萄酒杂志使用社群营销，收集用户信息，并对获取的数据进行分析，交互频繁的用户活跃度大大提升。即使不够活跃的用户，通过定向推送一些"召回"目的的内容，也可以降低用户流失。

　　随着网络社交平台的发展和普及，人们的眼睛和耳朵都得以解放，广阔的沟通平台犹如更为宽广的天地，成为品牌营销必不可少的工具，这也意味着品牌可以面向更大、更精准的人群进行销售。

12.1　社群营销的概念和特点

　　社群在社会学家与地理学家眼中，就是指在某些边界线、地区或领域内，因发生某种关系而聚集在一起形成的群体。广义上既包括在一定地理区域或某区域内形成的有形群体，如基于血缘、地缘、某种利益而形成的社会群体，也指因较抽象、虚拟关系而形成的无形群体，如亲人、友邻、同事、同学等源于亲情、友情、志趣、爱好、职业，热衷于一个品牌、共同喜欢一个明星等都可以组成一个社群。

　　但在互联网时代，社群已不再局限于此。网络社群通常是指后者的虚拟群体，是指存在于各类网络应用、社交平台上的各类圈子，如开心网圈子、腾讯QQ群、微信朋友圈，以垂直型论坛为代表的专业群体等。

　　网络社群是从2002年QQ群聊开始出现，经过论坛、SNS、博

第12章
社群营销策略：做线上营销必须构建社群

客等多种形态。大家熟悉的BBS就是一个社群，以区域、兴趣、组织为串联，以发帖、跟帖为交流形式。

我们每个人都是在各种不同的社群中，早期的BBS是最简单的社群模式，只有一个帖子列表和帖子内容两个页面，简单高效，同时也很快就遇到了产品瓶颈，即无法解决网民的个性化需求，聚焦点完全在内容上，而忽略了人的层面。这时myspace和百度贴吧出现了，通过SaaS模式将BBS进行分布式运营，把BBS式社群模式推向了历史的高峰。

随着移动互联网的兴起，以及微信和微博的多元化经营，社群开始进入连接人和一切的3.0时代。微信和自建App是社群成员间的主要沟通工具，而最常使用的是微信群、QQ群、微信公众号、自建App与网站，这说明移动社群越来越受到重视，已经获得主流平台的认可。

社群的特点是其与众不同的传播结构，大致呈网状，节点与节点之间呈不规则分布，具有跨级的、跳跃式的传播和强大影响力。

另外，要注意社群与人群、群体等非社群的区别，通过社群的"社"字，就知道社群中的人大都必须带有某种共性、信仰的东西。这说明一个好的社群，最核心的东西就是共性、信仰。关于社群，有一点很关键，就是交互。如几个朋友今天在一起吃个饭，这是不是社群呢？当然不是，这是人群。如果认为社群就是大家聚在一起吃喝玩乐，就是每天打开微信群有999条信息的话，那这个群基本没啥交互。

就像现在很多人几乎都有很多微信群、QQ群，但是仍然会觉得，人与人没有变得更近，反而变得更远。其实这就是社群交互价值的丧失。交互一定是多维度、多种形式的。在交互的过程中，要能够让里面的人互为链接。有一句话说得很好，"也许你今天的需求恰巧是别人的问题"。所以，链接就能让他们之间互通。

举个例子说，这是一个胖子想要减肥的社群，具有整体性和目的性。那如果换个说法，这是一群想要减肥的胖子，着重强调个体，这就是人群。社群，是有一定共性和目标的。

另外，区分社群和非社群一个很核心的标准是能否创造价值。社群一定具备了创造价值的能力。当然，这个价值不仅仅是指钱。

12.2 社群和社群经济

社群经济主要基于社群的商业生态，将社群和交易相结合，满足消费者不同层次的价值需求，是人类社会发展的趋势之一。

社群商业化主要依托较为完善的支付体系、云服务，围绕自身内容、品牌及圈子进行的多样化尝试。其中，传统模式如广告、电商等随着社群经济大环境的发展和社群文化的不断深入而持续深化，如会员制、品牌合作、搭建平台、衍生产品等新兴模式也为社群商业化发展提供了更多可能，未来在围绕社群内容与品牌上或将进一步增加。

事实上，社群经济在互联网上存在已久，只是过去平台没有足够的生态反补机制，豆瓣、myspace、Qzone、微博等社交或社区化平台里都蕴含着社群经济的微观模型。

不过，类似BBS这样早期的社群基本上都是以兴趣为中心，组织松散，缺乏无缝的连接管道，这时的社群更多的是注重精神层面,真正涉及经济层面的很少,可以说是只有社群,还没有社群经济。而企业的社群营销必须建立在能产生经济效益的社群基础上。

微博的出现是社群经济走出蛋壳的关键事件,新浪通过自己的门户影响力和资源推动了全国各领域的精英、意见领袖、企业、从业者玩微博,Twitter发明的follow按钮改变了中国社交网络的版图,单向、双向的可选择关注模式让社会精英阶层全面进入社交网络,自此,中国的社交网络更接近于现实中的人群结构分层和信息流动机制。

社群发展阶段的用户成熟度、社群内容的独特性、社群品牌的认可度、社群资源价值的合理评估、商业模式的切入点和可拓展性这五大影响因素中,用户、内容与品牌为基础因素,资源价值与商业模式的选择为进阶因素,在两方面共同的推动下,社群商业化才具有成功的可能性。

房地产、零售业、金融业、农业等不同行业在互联网的带动下全面触网,小米的手机预订模式,团购创业潮,无不是因社群经济产生了魔力。

随着移动互联网的发展,智能手机的普及,社群经济形式更快地形成,改变了众多行业的格局,无论在遥远的乡村,还是繁华的都市都被移动互联网连接了起来。微信、微博、手机QQ聊不停,微商刷朋友圈、摇一摇、发红包,每个人不知不觉间成为互联网世界一分子的时候,社群经济的渗透已经在影响着我们的生活、工作、学习等方方面面。

有社交的地方就有人群,有人群的地方就有市场,社群有着强大的凝聚力,而且这种凝聚力越强大,社群就会像滚雪球一样,越滚越大。互联网时代的经济学现象，一切动能来自社群，社群的力量推动着企业的变革和品牌的再造，企业和品牌社群化正在成为下一个热潮。

12.3 社群营销的4个必要条件

随着互联网思维的不断渗入，互联网社群的概念也在逐步被大家重视，而且不少企业也通过这个模式获得了成功。社群营销已经成为企业营销必需的手段，在表现方式上也是多种多样。那么，企业如何做好社群营销呢？可从以下四个方面做起。

（1）做好社群定位

社群不能盲目去追规模化，而是要准确定位，划定范围，走个性化、小众化道路。

在对社群进行定位之前，要了解社群的分类，以及企业自身的性质。按照载体形式可以划分为产品型社群（含服务的无形产品）、自媒体社群、服务型社群（社群的软性服务型）；按照范围来划分，则可分为品牌社群、产品社群、用户社群。

品牌社群是企业或是社群属性有品牌个性化的社群；产品社群则无视某一类产品的用户，如小米的MIUI，其中还包含着不同风格的子社群；用户社群则是以用户为核心、跨行业、跨品牌类的用户群，其中当然也包含了不同个性化的子社群。

不同的社群，玩法不同，吸引的用户也不同。因此，在建立社群时首先要明白自己应建立何种性质的社群，是情怀型还是利益型？是产品型还是服务型？是品牌社群还是用户社群？定位好了，才能知道自己要吸引什么样的用户，由此，才能开展精准营销。

（2）吸引精准用户

要想做好精准营销，就要吸引精准用户，千万别说自己的产品是面向所有人的，没有准确的用户定位，产品要么本身太平庸没有卖点，要么就是市场竞争大利润所剩无几的大众产品。

所以每个推广人员都应该对自己的产品做一个细致的用户分析，确定自己应该跟谁玩。这个分析跟线下开店的市场调研类似，就是要了解目标客户的地域分布、消费习惯、工作收入、年龄范围、兴趣爱好及生活环境等。

在目标客户的锁定上，建议在自己的"中关系"中找。每个人的社交关系基本可以分为强、中、弱三层，如图12-1所示。

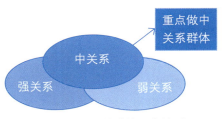

图12-1　社群的三个关系层

强关系指的是个人的社会网络同质性较强，人与人的关系紧密，有很强的情感因素维系着人际关系，比如亲戚、朋友、同学、同事等。

弱关系的特点是人与人之间的关系并不紧密，也没有太多的感情维系，也就是所谓的泛泛之交。

中关系就是介于两者之间的关系。这类人相对强、弱关系的人来说可开发的机会较多，而且都有信任的基础，是最能通过沟通交流培养的目标客户。为什么要强调中关系？这是因为这类群体最容易攻破，一旦跨过信任壁垒，做成第一笔交易，他们将会成为最稳定长久的客户。

所以，每个推广人员都应积极开发自己的中关系。中关系可以是强关系的裂变，比如亲戚的朋友、朋友的朋友，也可以是弱关系的转化，比如通过泡论坛、逛博客、发微博、聊QQ群等，把陌生人转变为朋友。

（3）选择社交工具

在衡量用户的有效性上，用户活跃度是一个非常重要的指标。活跃度越高，就证明越是活跃用户。所谓活跃用户，相对于"流失用户"而言，是指那些会时不时地光顾，并能带来实际价值的用户。

要想获取最大的利益，就必须提高用户忠诚度，培养大量活跃用户。目前，用于维护用户活跃度的社交工具主要有两类（如图12-2所示）：一类是通信交友工具，核心用户为C端，包含微信、QQ、Soul、Uki、Blued等；另一类是职场社交工具，核心用户为B端，包括钉钉、领英、脉脉、Boss、企业微信、企业QQ等。

其实，无论哪一类工具，都是集中解决用户日常的工作与沟通，满足企业的职场办公、行业动态、人脉拓展、技能提升、经验分享、招聘求职等需求。

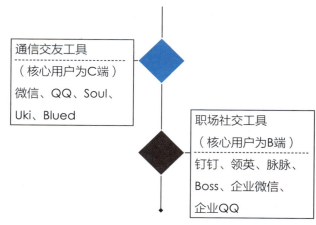

图12-2 用于维护用户活跃度的社交工具

（4）制造良好口碑

如何才能让自己的社群发挥出最好的营销效果？归根究底还是要口碑。口碑有多好，营销的效果就能有多好，没有好口碑支撑的圈子是虚的，无论规模多大，都只是一个表象，起不到多少精准营销的效果。即使可以通过前期的大量推广宣传来吸引一批用户，但没有好产品、好内容、好服务来支撑，所吸引的都是一些无法创造价值的粉丝，而且流失率也非常高。社群的发展需要口碑，社群的营销更需要口碑，口碑才是最好的宣传工具。

湖南卫视为什么能保持省级卫视第一的位置，就是因为它有一个用户精准度很高的粉丝群体，无论湖南卫视播什么电视剧和综艺节目，都能达到一定的影响力，很少跌出三甲，收视率第一更是家常便饭。因此，很多明星也喜欢到湖南卫视做节目。每次有新电影、新电视剧上映，都会到《快乐大本营》《天天向上》进行宣传。

通过这两档节目的宣传，依靠两档节目的忠实粉丝，就能起到相当大的影响效果，为新电影或电视剧提升了不少知名度。依靠湖南卫视走红的明星更是不计其数。这些都是湖南卫视这个大社群拥有精准的、能产生高价值用户的原因。

12.4 为社群贴上个性标签

随着社群营销的广泛运用，各式各样的社群不断涌现，就难免会良莠不齐，很多僵尸群、无效群充斥其中。企业如何让自己的社群脱颖而出，让用户一用就不想离开呢？这就必须要使自己的社群有一个独特的标签。就如看到京东商城就会想到家电网商，看到聚美优品就会想到化妆品网商,看到小米科技就会想到小米手机,看到格力公司就会想到格力空调一样。

这些都是企业的标签,而一个好的社群也需要有这样的标签。那么,如何给自己的社群贴上足够吸引人的独特标签呢?可以展示企业自身拥有的最大亮点,也可以给社群以明确的支撑点。京东、小米、格力这样的大企业本身就已经是亮点,因此它们的社群很容易被用户认可;一个企业、品牌或产品如果没有这样的优势,也可以自己"制造",用一个最核心的东西、最精髓的东西去支撑社群的运作。

案例1

以微信朋友圈为例,腾讯对朋友圈的定义是"连接一切",意思就是促进朋友与朋友的情感连接。可以看看大家都在朋友圈做什么,晒工作、晒生活、晒个性、晒兴趣爱好,让远在他乡的朋友也能了解自己的动态,拉近彼此的距离。所以推广人首先要摆正一个观念,要把朋友圈真正看成朋友圈。凡在圈中皆是朋友,要沟通、交流、关心、点赞、评论、解答,建立和朋友的情感连接。

一要专注,这是主观方面的;二要对市场进行调查,这是客观方面的。专注和执着是找到符号点的前提,建一个社群时,如果不能做到这一点,那么就会变成一个大杂烩,虽可包罗万象,但是很难让用户形成深刻的记忆,也就无法吸引精准的粉丝了。

因此,在建立社群时点不能太多,不能过于分散,集中表达一个意思即可,并围绕这个点执着到底。同时也要结合用户需求,一个标签再独特,如果让用户感觉离得太远,那么吸引力也是有限的。

案例2

爱奇艺创立之初就为自己"贴"好了高清标签，在视频网站被各种杂乱的内容、各种模糊不清的影像充斥时，爱奇艺明白如果想要让自己的用户能从众多视频社群中看到自己，加入其中，就要针对它们的缺点，做出自己的符号。从此，爱奇艺专心致志地走上了高清的发展道路，即使中间爱奇艺有过诸多运营宗旨的变化，唯一不变的就是高清。

爱奇艺"高清"的特点在搜索引擎上展现得淋漓尽致。只要在搜索引擎上输入"爱奇艺"三个字，下拉框中就会出现一系列与爱奇艺相关的搜索关键词，其中爱奇艺高清就排在了第一位，还有爱奇艺高清下载、爱奇艺高清盒子、爱奇艺高清影视等。可以说，"高清"已经成为爱奇艺最独特的标签之一。很多用户就是冲着爱奇艺的高清观感才下载了爱奇艺App，并成为忠实用户，爱奇艺也因为高清为自己的视频社群打下了坚实的基础。

其实这就是社群的定位问题，运营一个社群必须先从宏观上把基调确定了，是做高端内容还是低端内容，是做评论性内容还是做知识分享性内容，是主打原创帖还是主打整合帖等。如知乎，基于话题的高质量问答社区；豆瓣，带有文艺范的书评板块；等等。确定了这些基调之后社群就有了内容建设的方向，这时候就可以运用各种手法整合包装微观层面的、具体的内容了，如专题策划、内容盘点等。

第13章

渠道整合策略：

整合资源，打造畅通无阻的营销渠道

第13章
渠道整合策略：整合资源，打造畅通无阻的营销渠道

案例导读：中国移动

中国移动是我国通信行业最大的服务商，近些年，互联网、移动互联网，以及4G的普遍运用，正在改变和颠覆着整个移动通信行业，消费者需求逐步个性化、多样化。受其影响，中国移动面临的挑战越来越多，如营销理念落后、渠道单一、渠道掌控力不足、渠道冲突明显、代理商选取过程不规范等。

中国移动在分析了存在的问题后，分别从自身、中间商和消费者三个方面进行改进。

（1）完善自建渠道

利用社会分销力量铺设高覆盖、低成本渠道。移动公司需要理顺现有渠道体系，从扫除渠道盲区、限制跨区窜货、优化渠道结构入手，建立可控和高效的分层渠道管理体系。建立全覆盖移动营销渠道体系，合理配比不同类型的渠道数量和规模。

建立有效的机制以沟通产品信息并有效地收集最新的市场信息，满足客户个性化、异质化服务要求，保证客户对营销渠道的忠诚度。中国移动要根据不同业务的特点选择不同模式的营销渠道，通过做广、做深、做强和做精渠道来确立渠道的核心竞争力。

（2）正确处理与代理商的关系，充分发挥外部渠道的协同作用

移动公司在经营能力、销售网络、客户资源、财务资质、信誉度等指标方面，对代理商资格进行审核。重视代理商和代办点规范化、法制化的管理，在合作协议中明确双方的权利与义务。加强同

代理商、代办员的维系工作,加强对代理商的员工及代办员的培训工作。认识建设战略合作的价值,并选择合适的合作伙伴,建立跨行业战略联盟。

在代理机制中,合理制定、严格控制代理价格体系。这一价格体系既要保证代理商的合理收益,又要避免过分优惠,使代理商的盈利空间过大造成分销商追求短期效益的行为。企业给予代理商的对外定价应该统一,避免因代理价格不同出现窜货现象。

(3)建立一切以市场为导向、以客户为重点的监管体系

在营销渠道的建设和管理上,要体现一切以市场为导向、以客户为重点,对营销的全过程实行监管督查,同时加强内部流程再造,减少前台、后台的摩擦,提高工作效率。积极管理所有与客户接触的环节和渠道,确保服务水平在客户整个体验中的一致性,提高客户对中国移动的忠诚度。

产品是通过分销渠道到达最终消费者的,畅通的销售渠道可以保证产品顺利进入市场,反之渠道障碍会影响企业市场运作。对众多企业和行业渠道研究表明,"销售渠道瓶颈"问题是制约企业发展的普遍问题。

13.1 渠道"直连"企业和客户

渠道营销就是通过各种渠道(包括线上和线下)进行推广,营销渠道非常多,任何营销活动都需要通过一定的渠道才能传播开

第13章
渠道整合策略：整合资源，打造畅通无阻的营销渠道

来，互联网时代的网络营销对渠道的要求越来越高。本节通过对网络营销渠道进行详细的阐述，让读者对其重要性、表现形式、运作模式、实施步骤等有更充分的了解。

在营销的渠道问题上，必须对该类产品的渠道类型、渠道成员组成、渠道特征等方面进行充分的研究，调查研究的结果对建立自己的渠道选择和管理具有重要的指导意义。

直销模式，是最早的商业配销方式，20世纪50年代在欧美国家已经非常盛行。又叫"无店铺销售"，就是通过简化、去除中间商，降低产品的流通成本并满足消费者利益的最大化需求。简单地说，就是生产商不经过中间商把商品直接销售到消费者手中，以减少中间环节降低销售成本的一种销售模式。直销这种模式砍掉了中间商，将分销模式变成直销模式，具体模式如图13-1所示。

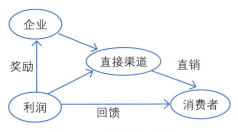

图13-1 直销模式示意图

结合上面的论述，直销，实际上就是将产品的部分利润从代理商、分销商、广告商处转移给直销员的一种经营形式。它能有效地实现产品销售，同时也更好地将消费者的意见、需求迅速反馈给企业，有助于企业战略的调整和战术的转换。不妨这样给直销下定义，将不经过批发环节而直接零售给消费者的销售形式称之为直销，如电视销售、邮购、自动供货机、目录销售、直销员登门销售等。

虽然直销这种营销模式早已有之，但以往仅限于直销员和传统渠道，目前，互联网的发展、自媒体的日新月异，使这种模式更有

时代特征，更加符合市场需求和消费者需求。

直销与互联网营销目的是相同的，即尽可能地缩短流程、贴近消费者，将产品快速送到消费者手中，同时企业也可实现低成本运作，加快资本周转。这也是直销能够迅速崛起成为现代营销新锐的主要原因。

13.2　新形势下营销渠道的新特点

渠道是一个非常经典的营销资源，国内外很多企业都依靠其打开了市场，取得了不错的效果。然而传统渠道已经开始阻碍企业的发展，传统渠道基本模式是层层分销，在分销的过程中产品价格会随之提高，最后到达用户手中的价格比出厂时贵了几倍、十多倍，甚至更多。产品价格高，消费者不买账，产品大量积压，造成库存压力大，这对消费者、企业的利益都是不利的。

总结一下，其主要的原因就是中间环节过多，造成成本上升。而直销模式则提倡砍掉中间环节，尽可能地实现生产者与消费者直接对接。在互联网发展异常火热的新形势下，渠道也表现出一些新特征，如网络化、多元化、扁平化。

（1）网络化

渠道营销网络化最显著的一个变化就是网点的布局，现在无论是直接开网店，还是实体店向网店转化，都已经成为一个大趋势。在网络这个虚拟世界中，京东、国美、苏宁、当当、亚马逊等都已经尝到了甜头，一些小的品牌商、个人品牌、电商、微商也都在奔赴这个"无形战场"，并拉开了新一轮的争夺。

网点布局的一个主要原则就是尽可能地贴近消费者，因此，企业在布局网点时必须有步骤、有方法地进行，大体可分为以下四个步骤。

1）细分市场，规划区域内网点数量

网点数量的多少与区域位置、经济发展水平、人口数量和消费能力等关键指标密切相关。网点布局即是实现市场和渠道的区域匹配，需要对渠道数量进行总量控制。

2）公司要选择周密的布局模式

常见的布局模式是在市场依次建立中心店、旗舰店，并在四周建立卫星店，初步形成对区域的覆盖，辅之以零星网点补充盲点区域，从而最终实现对市场区域的无缝辐射和覆盖。

3）网点选址

网点位置要贴近客户，更为重要的是要贴近消费者购买心理。如果消费者注重品牌，网点的位置要处于高端商业区或商务区；如果客户注重便利，网点的位置则要跟随人流，设立在消费者出现的位置，如商业区、住宅区、商务区、车站码头等。

4）检验网点实际的运营效果

网点的运营效果是否达到设计预期需要通过实践的检验来证明。对于运营效果不佳的网点，公司要对其进行二次评估，对效益不好的网点要留待考察或果断退出；对盲点区域要重新检索，新设网点补足。

（2）多元化

比如，很多企业开始成立电子商务中心，通过网络渠道开展市场营销活动；有的直接与B2B和B2C电子商务平台合作，直通消费或使用终端直销。营销渠道多元化使企业摆脱了传统渠道的束缚，迎合了企业的细分市场战略和差异化战略，对于企业品牌和产品的市场覆盖率的提高起到了推波助澜的作用。

与此同时，也要注意多元化策略带来的负面问题，渠道冲突、利益分配问题、渠道管理与控制、渠道成本增加等。

（3）扁平化

互联网化的渠道设计，首先需要考虑的是渠道的结构问题。渠道的结构包括长度和宽度。这两个结构基本上就是企业渠道建设的框架。

渠道长度是指产品从生产制造到客户手中所经过的层级。这个层级越长，成本越大，产品销售的价格越高。渠道宽度是指在同一个分销的层级选择中间商数目的多少，数目越多就越"宽"，反之就越"窄"。

在互联网时代，传统渠道已经不符合企业、渠道商、客户的利益。取而代之的是渠道的扁平化，即尽可能地缩短从生产者到消费者的链条，甚至去掉中间环节，从而让产品直接从生产厂家到达客户手中。

渠道营销关键是做好开端和终端，开端是生产者，终端是消费者，中间的流程则可最大限度地去压缩，中间环节的缺失可以以提高两端的质量来弥补，因此，渠道建设掌握好长度和宽度也是最关键的。

但不同的行业所采用的渠道差异也很大。比如，快速消费品是高频率消费的产品，使用时限短，拥有广泛的消费者群体，对于消费的便利性要求很高，销售渠道层级和种类多而复杂；工业品购买者人数较少，购买数量较大，购买集中，但购买频率较低，价格弹性较小，有时协商定价、专业性购买，需要较强的技术支持与服务，渠道一般较短，形式简单，而且人在推销中起的作用更大。

13.3　打通连接上下游的垂直渠道

如果把企业营销比作人体的话，那么渠道就是遍布全身的血管，血管是人体内重要的通道，对人体健康起着重要作用。渠道也是企业营销的通道，产品销售、服务的传递全靠渠道的运作。产品策略、价格策略、促销策略也很大程度上需要通过渠道合作伙伴的密切配合才能够得以执行。

因此，垂直渠道在企业营销中发挥着关键性的作用，营销渠道的规划和设计也是每家企业的重中之重。渠道营销正是为了实现营销目标，在对各种渠道结构进行评估和选择的基础上而开发出的一种新型营销模式。

垂直渠道的核心就是砍掉中间环节，只靠一定的媒介连接生产者与消费者。这是实现企业与消费者直接对接的关键。在过去主要靠的是电话、电视、邮政、报纸等传统媒体，甚至直销员上门推销。然而，在互联网的冲击下，这些方式正在慢慢地消失，现在还有哪家企业完全靠电话营销，邮政、报纸等效率极为低下，直接上门推销更是几乎绝迹。

随着时代的进步，直销的媒介正在发生着变化，取而代之的是日益兴起的自媒体。如智能手机、iPad等工具的更新使直销更加便捷、灵活，与消费者的联系也更加紧密，两者的区别和联系如图13-2所示。

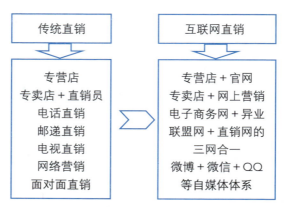

图13-2　传统直销与互联网直销的区别和联系

那么，该如何来理解渠道营销呢？可从以下两个方面入手。

（1）基本模式

垂直渠道，简单地讲，就是只做商品和服务产地的最短中间环节，从生产者向消费者转移的过程，起点是生产者，终点是消费者（生活消费）和用户（生产消费），参与者是商品流通过程中各种类型的中间商，其具体的运作模式如图13-3所示。

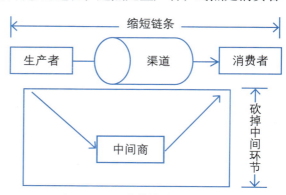

图13-3　渠道营销的模式

（2）内容

渠道营销的内容一般包括商流、物流、信息流、资金流四大部分，它们是相互依存的关系，不可分割。

① 商流：泛指商品的买卖活动。

② 物流：指商品买卖活动带来的物品流动。

③ 信息流：商品流动所伴随的情报资讯，如周转最快的商品是什么？哪些产品最能引起客户的兴趣？每日、每月的商品销售量，等等。

④ 资金流：指金融体系在流通过程中的配合应用，如信用卡、银行转账等。

13.4 渠道营销实施步骤

在了解了渠道营销的重要性和特征之后，还无法开拓出一个全新的市场。一个不可忽视的环节就是要科学、严密地去实施，一步步地划分，全面地去了解市场，了解客户，从而制订出可行的实施方案。

（1）了解行业圈子

每种行业在运营过程中都会形成具有自身特色的圈子，在IT行业由于操作产品的不同，在零售商上感觉不到有明显的圈子存在，一旦我们希望产品的销量呈几何级增长的时候，必须面临专业的批发商队伍，这些批发商为维护自身的利益、规范市场上的产品操作，在短时间内就会形成特定的产品代理销售集群，这种集群就被称为产品销售圈子。

做一个行业的营销，需要先进入这些圈子，了解这些圈子，便于跟客户沟通、增加与客户的谈资，加速客户对企业、品牌的好感度及信任度，从而迅速拉近客户与销售人员之间的距离。总之，销售人员越了解圈子越能够得到圈子的认同。了解此类的圈子的方法有很多种，如下面介绍的是最常用的四种。

① 通过研究专业媒体；

② 与客人、同事聊天；

③ 和业内或厂商人员成为朋友；

④ 信息共享，与同事沟通碰撞出火花。

（2）进行产品分析

一个产品什么是最重要的？从用户的角度来看是质量。据调查，在所有消费者购买的过程中，遭受质疑最大的就是产品的质量。"质量怎么样啊？""靠得住吗？""能用多久啊？""不会用几天就坏吧？"每位客户在购买之前几乎都会提出这样的疑问。

这就需要对产品进行分析，产品分析的内容包括以下五个方面。

① 了解产品定位；

② 了解产品质量与服务；

③ 总结产品的卖点、优势、能解决客人的什么问题；

④ 了解竞争对手的产品与其优、劣势及软肋；

⑤ 了解途径：生产商提供的产品培训资料，同事的讲解，总结客户的看法、意见。

一个产品的好坏，往往是由质量、信誉、口碑等多种因素来衡量的。质量是产品的本身条件，是产品得以畅销的核心，没有过硬的质量，不但经不起客户的考验，甚至还会被市场所淘汰。

（3）了解目标客户群

需要了解公司简介、决策人、决策人的经营思路、主打产品及主打市场、在行业中所处的位置、发展策略、主要竞争对手、竞争对手的情况。对客户越了解，成功的概率越大。当然，了解没有这么多也没有关系，客户数据库就是一点一点修改完善的，有些问题可以通过和客户聊天得到答案。这个数据库将成为非常宝贵的东西。

（4）根据客户需求制订方案

不要期望客户在对产品或想法没有初步了解的情况下，能有时间听你夸夸其谈，提交客户方案是最明智的选择，目的就是激发客户的交流与购买兴趣，因此，简单明了是最基本的要求。通常来讲，这种方案可分为以下三种。

① 新产品或预售产品销售方案（帮助客户了解产品）；

② 通用的、成熟的产品或服务销售方案（解决客户为什么要用产品的问题）；

③ 客户在了解和使用产品的过程中特殊问题的特殊方案（解决客户提出特殊要求的问题）。

渠道在互联网时代最大的特征就是去中心化、扁平化，目的是充分利用互联网技术应用，彻底打通上下游供应链。传统企业、电商企业以及微商、个人等都会迎来绝佳的发展机遇，因此，去中心化和扁平化也成为很多企业管理和运营的关键字样，应仔细了解去中心化、扁平化等词的概念、特征、模式等，并分析与营销渠道的联系。

第14章

粉丝营销策略:

为品牌营销打造好口碑

第14章
粉丝营销策略：为品牌营销打造好口碑

案例导读：苹果手机

苹果公司是拥有粉丝最多的IT企业之一，也是经营粉丝最为成功的企业。苹果公司的粉丝又称果粉，其忠诚度可以说是全球独一无二的，每当有新品上市都会引发一轮轮抢购高潮，这也是苹果品牌成功的秘籍之一。

也正因为有如此疯狂的一群人，苹果公司无论是企业品牌，还是旗下的iPhone、iPad品牌都早已深入人心。

2020年10月14日苹果公司推出iPhone 12新一代产品。尽管外界对此的评价褒贬不一，价格也偏高，还没有正式上市，但这丝毫没有影响果粉的购买热情，随之而来的预订狂潮还是瞬间挤爆了苹果官网，很多人宁愿通过各种渠道，用更高的价格先饱眼福，疯抢的画面也有点"惨不忍睹"。

据悉，iPhone 12在上市前四天的全球订单量已是iPhone 6同期销售的四倍，创造了苹果公司最好的预售数据。

苹果的粉丝最有忠诚度，一些高端用户都是苹果控，只要是苹果的新品必买，一个接一个。有的果粉甚至打算集齐苹果的所有产品，显然，对于这些人而言苹果已然成了收藏品。可见果粉与苹果的感情有多深，苹果之所以受到果粉的如此追捧，原因有很多，如过硬的品质、完美的工艺设计与用户体验等。除此之外，还与苹果公司的营销工作做得十分到位有关，通过多种方式将粉丝的力量做到极致。

> 粉丝能做的不仅仅是疯狂购买产品，还是义务的宣传员。细心的人会发现，苹果很少打广告，在互联网尤其少见，线下的路边候车厅广告较为多见，电视媒体也偶尔一见。绝大部分的广告都来自果粉的口口相传，全球各地的粉丝自发建立苹果论坛社区，相互交流使用心得、技巧。最早的苹果论坛，现在已经颇具规模，有的甚至获得了不菲的投资；做技术开发的苹果粉丝则直接变成了开发者，成为苹果产业链上的一员。而这些恰恰符合移动互联网终端的特点。

在消费者主导市场的时代，粉丝是一个企业和品牌立足的基础。一个希望通过"粉丝经济"来赚钱的企业和品牌，就不能对它的拥护者表现出"你爱或是不爱，我就在那里"的态度，而是要贯彻"以人为本"的经营理念，用心为用户服务。

14.1 粉丝是品牌营销的基础

粉丝最早产生于娱乐圈，但这一称号绝不再局限于追星一族。一个品牌，或一款产品，也会积聚特定的消费者群体，并通过这些群体组建的社群进行强关系的传播，从而进一步打开市场，引起更多大众消费者的关注。其实，这个特定的群体也是粉丝，粉丝是一个特定的群体，只要具备了这一群体所有的特征，便可称为粉丝。

第14章
粉丝营销策略：为品牌营销打造好口碑

粉丝是个舶来词，该词在20世纪90年代的欧美国家就出现了。忠实的粉丝变成了最有力的消费者，一个品牌想要盈利，不必追求数量庞大的普通群众，只需要一定数量的忠实的粉丝即可。传入国内后得到了进一步的发展，首先在娱乐界得到了井喷式发展，如《超级女声》《加油!好男儿》《跑男》《舞林大会》等娱乐节目的火爆，都依赖庞大的粉丝群。

后来延伸到企业中，事实证明有忠实粉丝的品牌，都很容易在市场上站稳脚跟，并得到消费者的认可。如赫畅的煎饼、青龙老贼的自媒体、李善友的公开课等。这些品牌的成功与背后的粉丝效应不无关系，可以说，将粉丝的力量发挥到了极致。

在互联网，尤其是移动互联网高度发达的今天，各式各样的社交平台非常多，每个社交平台上都依附着大量粉丝。这些粉丝之间的关系形成了一个网一样的社交网络，从而为信息的广泛传播提供了基础。

社交网络的伟大之处在于，在虚拟社会中建立起真实的人与人之间的联系。如微博通过建立话题，在不同用户之间建立起一种虚拟的关系。微博虽然内容篇幅短，但极尽精要，再加上兼顾人与内容的关联，一个小小的话题也可以集聚大量粉丝，同时，这些往往也是内容的制造者，从而引发更大范围的传播。

当品牌遇上这些社交网络，就必定会与其上的粉丝发生某种关系，这种关系不只是买卖关系，更多了一份情感关系，正是因为有了情感因素，才使粉丝这个特定群体牢不可破。

以罗永浩卖手机为例，有人说老罗卖的不是手机而是情怀，如果对忠实于该产品的粉丝来说这是说得通的。粉丝对某个品牌的追求的确不是产品本身，很大一部分是依附在产品上的某种情感，苹果手机正式上市之前就被大量预订也是这个道理。

从社会学角度看，粉丝即是泛指那些有明显的、固定的、有规律的共同特征的特定群体。从广义层面上看，是指对特定话题有较大兴趣的人；从狭义层面上看，不仅仅是对这些话题有浓厚的兴趣，而且对其有较为深入的了解。

14.2 粉丝都有特定的需求

马斯洛的分层需求理论说明，人的需求有五个不同的层次，同样，产品也可以被分为几个不同的层次。同样的一款产品所面对的群体不同，需求定位也不同，以服装为例，同样是衣服，消费者的需求不同，它们表现出来的价值就不同，如图14-1所示。

露天市场或者超市里卖的衣服，卖的就是保暖、御寒、遮风及蔽体等功能，它适合于有最基本需求的人群，所以这些衣服价格基本上偏低；而大型商场里的衣服就高一个层次，消费者看重的是"好看""舒服"，甚至"有面子"，因此这里的衣服就可以更贵一些，因为除了成本价，还有心理价；再上一个层次就是奢侈品，对于此类衣服消费者买它是出于某种情感的自我表达，如表达自己对服饰风格的喜爱，对某种生活方式的认可，或者表达自己有钱，其实这已经远远超出了衣服的实用性。

第14章
粉丝营销策略：为品牌营销打造好口碑

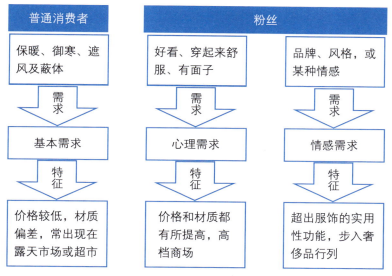

图14-1 服饰的消费层次理论

因此，粉丝绝不是普通的消费者，他们也绝不会简单地为买而买，单纯地消费那个商品的实用性，他们也是在通过消费的方式进行自我表达。老罗卖手机卖出感情，在一定程度上也卖出了一部分人的情怀，因此才能受欢迎、有市场，消费者通过购买老罗的手机也是在表达自己的立场。

对于粉丝的行为，批判的人和赞扬的人几乎一样多。有人把他们看作一个时代的开拓者，有人把他们看作哗众取宠的小丑。其实任何事情都没有对错，只有利弊，既然他们存在于那里肯定有合理的一面，更何况粉丝带来的经济效益也是非常庞大的。因此，接下来就分析一下粉丝对企业营销、品牌推广的促进作用。

粉丝营销（Fans marketing），是指企业利用优秀的产品或企业知名度拉拢庞大的消费者群体作为粉丝，然后利用粉丝相互传导的方式,达到营销目的的商业理念。

如在一些电影宣传中,制作方利用明星的知名度吸引观众观看影片,利用粉丝相互传导的方式,达到营销的目的。

不少制造业企业也开始大打粉丝牌,粉丝营销成了很多车企的营销重点。如长安汽车的粉丝互动营销,根植于多功能车用户群的"欧悦会"目前已经有30万人。就连总裁、高管也开通了微博成为"大V",吸引了不少粉丝参与。

案例1

奇瑞汽车广邀全国粉丝参与新车发布会,在第五代瑞虎3的上市发布会上就邀请了100多位来自全国各地的粉丝,大谈奇瑞情结,这也是粉丝营销中的典型。

东风柳汽则是将粉丝营销进行得更彻底,2015年东风风行便启动了营销升级转型,通过大规模、高品质、精细化营销升级,细挖粉丝群体和保有客户,通过提高客户满意度进而达成品牌忠诚度的提升。

粉丝在品牌传播、扩大影响力方面发挥着至关重要的作用,尤其是产生的裂变能给品牌带来巨大的价值。

14.3 如何营造良好的粉丝口碑

在认识到粉丝对营销的促进作用后,重点就是如何落地实践,即如何做才能发挥粉丝的作用。实现粉丝营销的方式通常有两种,一种是打造社群,另一种是精细化管理。

（1）打造社群

粉丝经济的核心在于社群，因此做好粉丝营销的前提是运营好社群。那什么是社群呢？简单地理解就是很多人聚集在一起而形成的群体，但社群又不同于普通的群，最根本的区别是社群必须是基于一定的社交关系，如图14-2所示。

图14-2 普通群与社群的区别

社群的重点在于它的社交性，如果将社群分开来就很容易理解了，社群＝社交＋群体，或社交平台＋社交方式。就像在人人网、微博、微信，或者其他任何一种社交工具上的群都是这样的行为，每个群背后都承载了一个平台。只要有了这种工具的搭建，并形成某种社交关系，才能称作社群。

在建立社群之后，还需要投入专门的人力、物力和财力进行管理和运营。社群就像是企业的一个部门、一个团队，只有在科学、合理的运营基础上才能正常运转，发挥自身的作用。

关于社群的运营，可以通过一个实例来详细了解。

案例2

公司：小米

产品：小米手机

社群：论坛

步骤：第一步：明确品牌定位，将用户定位于发烧友级极客的圈子，吸引铁杆粉丝，一步步滚大雪球。

第二步：寻找目标人群喜欢聚集的平台，考虑到论坛太过封闭，小米手机在发展之初同时将微博作为拓展粉丝团的重要阵地。

第三步：接下来便是培养意见领袖，具体做法是针对铁杆粉丝进行小规模内测，第一批铁杆用户便如同星星之火开启了小米的燎原之势。而在大规模量产和预售阶段，粉丝团便成了强大的营销后盾，人人成为推广员。

此时便真正开启了粉丝营销模式，该模式不仅将成千上万的米粉联结到一起，还形成了自己的商业模式，人人随时可以知道其他人在说什么，在做什么。整个米粉群体变成了一个互相链接、规模很大的社群，而这些都将成为小米公司未来的重要资源。

随着小米以及小米以社区粉丝为基础的营销模式被广为传播，在线社区式的粉丝营销已经成为业内最普遍运用的一种方式。当然，它不再局限于早期在社区、论坛上发布活动的预告帖、植入广告那么简单，而更多的是与社群成员进行互动，企业想让用户试用产品、提意见，了解用户平时都是怎样做购买决策，以及刺激用户帮助企业做口碑传播的……通过社群，企业从粉丝那里可以获取更多。

于是，越来越多的企业开始建立一个属于自己的在线社区或者其他形式的论坛，吸引活跃粉丝在社区上互动。越来越多的案例证明，在任何一个社交平台上，有"人"就有一切，就可以衍生出各种各样的商业机会。

有些企业还将社群所聚拢的用户资源开放给更多的企业。当然，企业的目的在于基于用户的需求、围绕自身所在的产业链，吸纳更多的企业从而为用户提供更多、更全面的服务。在客观上，企业的这种客户资源的共享为更多的企业提供了客户资源和市场机会，而社区的"特定品牌"标签也因此会弱化，更容易增加对潜在客户群的吸引能力。更为重要的是，"企业的无私奉献"所带来的不仅是因更多的产品与服务而形成的用户黏性、社区吸引力的增强，甚至带来自身盈利模式的颠覆。企业不再单纯依靠销售产品与服务获得收入，而是可以收取其他入驻平台企业的广告费、入驻租金，更进一步，企业可以利用社区中沉淀的用户数据，为其他企业提供更为深入的数据服务。

（2）精细化管理

随着社群营销的兴起，微博、微信、手机QQ等成为很多企业热衷的工具，每家企业无论大小，都希望借助这样相对低成本的工具，与消费者进行近距离的沟通，将一些营销信息精准地传递给消费者，或为消费者提供更为便捷的服务。粉丝也会借助类似的移动工具口口相传，将企业带到更多的互动过程中。

也正因为如此，不少企业放大了微博、微信等这些社交工具的价值，在推广时往往只关注粉丝的数量，从而出现盲目追求粉丝的浮躁之风，将追求粉丝量的增长当成唯一的目标。

无论微博还是微信，之所以成为宣传与营销的重要战场，是因为它们的存在拉近了粉丝与企业之间的距离。如果盲目追求粉丝量，不注重产品和服务的提升，不注重粉丝的真正需求就偏离了做粉丝营销的初衷。这时就需要在粉丝管理上进行精细化管理。

在企业管理中精细化管理已经大行其道，所谓的精细化管理就是强调在运营过程中进行管理，重在对过程的控制，通过积累过程中的各类数据指导实践中的运营。

对粉丝进行精细化管理首先要找准粉丝的兴奋点，粉丝对企业品牌、产品信息的传播是必须基于一些兴奋点的，而这些兴奋点彼此之间是有差异的，有的可能单纯对各类优惠活动有兴趣，有的则可能关注产品或者行业的信息，只有在运用中不断记录每个互动粉丝的偏好（也就是对每个互动粉丝进行标签标记），才能"投其所好"，通过粉丝的传播实现营销效果的最大化。

同时，精细化管理还需要注重运营数据的积累与分析。在微博、微信等社会化媒体的运营中，不仅需要对粉丝进行标签化，同时还需要记录下粉丝与官微（微博或微信）所有互动的行为，不仅需要知道是谁与我们互动，还需要知道他在什么时候与我们互动、互动了哪些内容。

如微博，如果企业对发布的每条微博进行多维度标签定义（比如活动类、新闻类、行业信息类、科技动态类等），又能沉淀下每条微博的互动粉丝ID，那么就可以初步分析不同背景的粉丝的互动偏好。也许会发现，某一地域的用户对活动类信息尤为敏感，或者高知女性粉丝对艺术图片的兴趣更大,那么这些发现对指导未来的运营都是有价值的,并且随着数据的不断积累,类似的发现也会越来越精准。

因此,精细化管理就是一个不断迭代的过程。为了得到更精准的结论,阶段性运营数据获取的新发现,在后续的运营中需要不断测试。比如在后续一个监测阶段的微博运营中,如果仍会发现有高知女性粉丝对艺术图片的互动兴趣更大的特点,那么这样的结论可能更接近于事实,未来的一段时间内就可以尝试主动@一些高知女性,以扩大单条微博的影响。

14.4 建立完善的粉丝反馈机制

粉丝本身代表着对企业品牌的黏性,对树立企业形象、扩大品牌影响力有着重要的推动作用。因而,粉丝常常被很多企业认为是一股潜力十足的力量,有了粉丝的支持,很多传播就会自动自觉地扩散出去。

但是,如果简单地认为只要拥有足够多的粉丝就万事大吉,那就大错特错了。粉丝的行为无论是主动性的,还是被动性的,都会有一定的盲目性、不牢固性和从众性。这些行为有时候反而会伤害企业,影响品牌的传播。

案例3

号称最强大的粉丝经济拥有者——苹果公司,经过长久的风吹雨打后,拥有了不少的铁杆粉丝,但同样不能保证其牢固性。

苹果公司于2013年9月曾推出过一款产品iPhone 5C，可这款产品在上市后，销量和评价都与预期的截然相反，原来iPhone 5C过于"Cheap"，在很多粉丝看来这款手机价格过于便宜，外观过于寒酸，有碍使用苹果手机的身份（苹果一直走的是高端路线，果粉也是因其显示身份而忠诚），如今推出一款低端手机就会令不少人接受不了。

iPhone 5C推出后带来了很多的负面作用，不仅降低了品牌的定位，还让不少铁杆粉丝对其忠诚度有所下降。

案例4

开心网是粉丝"倒戈"的不幸者。很多人一定还记得曾经风靡一时的偷菜游戏，这款游戏曾经令千万年轻男女迷恋，吸引了不少忠实粉丝。很多人利用工作、上课的间隙，甚至深夜不睡觉、凌晨早起也要打开电脑，就是为了去偷那么一两棵菜。

一款偷菜游戏令开心网可谓是红极一时，聚集了大量的粉丝。可是，这种好事并没有延续太久，一两年的时间就遭遇了粉丝的抛弃，开心网也逐渐跌落尘埃。

究其原因，是这款游戏创新不够，后续新功能、新应用跟不上。其实，不仅是因为产品自身出现了问题，更重要的是粉丝产生了审美疲劳，从一开始的热捧到马上厌弃，根本没有给出进一步优化和创新的时间。很多用户起早贪黑地偷菜只是图一时新鲜之感，一旦这个新鲜感过去，就会产生厌倦心理，弃之离去也是必然。

那么，粉丝为什么会出现这种行为反差呢？之所以能够成为某款产品的粉丝，就是因为对其的忠诚度高，而忠诚度一旦达到一定程度，相应地就会对企业、产品的预期有了高标准，一旦无法推出符合或者超出粉丝预期的产品，那么粉丝便会非常失望，粉丝的失望对企业或品牌来讲就是坍塌性的灾难。

综上所述，粉丝这个群体其实并不稳固，何况还有很多伪粉丝，众多伪粉丝充斥其中，也会带来很多的不可预测性。所以，粉丝经济诚然会给企业、品牌制造一时风光无限，可花无百日红，总有一日会出现大厦将倾。粉丝行为只有在进一步控制、约束或引导下，才能沿着正确的方向传播，才能更有利于企业的发展，否则会适得其反。

让粉丝这股力量持续不断地为企业服务，并形成一个良性循环，就需要企业内部建立一个科学、完善的粉丝反馈机制，以便及时掌握粉丝的行为，并进行观察、分析和监督。

在监督与反馈过程中，敏锐的洞察力与制度化的措施极为重要，前者是正确认知的过程，后者是合理充分应用的保证。在做好粉丝的反馈工作上应从以下两个方面做起。

（1）建立多种形式的反馈渠道

做好粉丝的反馈工作，首先必须建立畅通无阻的反馈渠道，这是粉丝进行有效反馈的保障。信息反馈的渠道通常可分为两大类，一类是线下反馈，另一类是线上反馈。

1）线下反馈

① 书面报告反馈

书面报告是一种非常正式的反馈形式，也是工作反馈中最有效、最稳固的一条途径。通常是指对方以文字报告的形式向企业或相关部门阐述产品使用过程中遇到的问题，或提出的改进意见和建议。

这种形式的优势在于比较正式，直达性比较强，很少受到外界人为因素的影响，能引起企业或相关部门的重视；劣势在于互动性较差，大都限于信息的单向流动，反馈效果不会马上显现出来。

② 会议沟通反馈

会议沟通也是一种比较正式的反馈形式，也是大多数企业惯用的一种方式。会议沟通通常是指邀请一部分粉丝代表，与企业及相关部门人员就某个问题展开讨论，进行互动。

这种形式的优势在于互动性强，有利于意见或建议充分表达，而且就某个问题交流更容易达成一致；劣势在于无法针对大多数人展开调查，涉及面窄，所反馈的内容也十分有限，无法代表大多数人的意愿。

③ 一对一面谈反馈

一对一面谈，与前两种形式相比运用得比较少，它是一种双方单独面谈的反馈形式。这种形式的优势在于可以就某个问题展开深入、彻底的交流，针对性更强，从而也能有针对性地提供帮助，找到解决途径。同时，能给粉丝更多的尊重和表达意愿，建立起融洽的交谈氛围。唯一的不足之处，只限于少数高端粉丝，且需要因人而异地制订出沟通策略、解决方案。

2）线上反馈

线上反馈主要是指企业利用自媒体平台、App，以及一些应用软件，建立起一座与粉丝互动、交流的桥梁。通过这座桥梁粉丝可随时表达自己的意见和建议，企业也可随时获取粉丝的反馈，并对反馈的问题进行相关解决。

其实，在自媒体、新媒体异常发达的今天，从线上来获取粉丝反馈更便于工作的开展，可全面、及时地了解信息。同时，还有很多其他优势，如提供语音、截图等多种反馈形式，以使反馈内容更丰富；增加实时推送功能，便于用户及时获得信息的反馈结果。

利用线上反馈渠道也会使运营者处理问题更高效。当粉丝反馈信息时，就会立刻传到后台，运营者可随时随地查看反馈的内容，假如是语音还可自动识别为文字，这大大提高了处理问题的便捷性和能力，如图14-3所示为某App上客户信息反馈处理示意图。

鉴于线上反馈的便捷性、高效性，运营者应该侧重于做好线上反馈的渠道建设。

图14-3　某App上客户信息反馈处理示意图

（2）对粉丝的反馈信息进行分析

对粉丝行为进行分析是做好反馈工作的前提，因为这是一个对分析行为进行了解的过程,只有经过充分的了解,才能做好分析和辨别工作。

如对粉丝反馈的问题通过标签功能进行归类,将问题分为需求类、bug类、活动类、账号类等,做结构化整理。再者就是对粉丝提出的问题要及时处理,并给予满意的答复。这就涉及一个问题的解决效率问题,什么问题由谁来解决必须明确。

案例5

惠普在客户反馈问题上的处理是非常高效的。在惠普,明确规定:所有的客户投诉,必须在第一时间内通报公司的质量管理部门(备案);如果是属于自己管辖的问题,就要抄送自己的顶头上司;如果不是自己管辖的问题,就把问题转到相应的部门员工那里,并抄送对方的上司和自己的上司;只有接到对方确认接受并同意处理该问题后,才能告诉客户已经把什么问题转到谁那里处理,今后由谁负责。

当接到客户的投诉时,还要求必须通报公司的高层。惠普有严格的规定,什么性质的问题,由什么层次的人来解决,员工不能自作主张,觉得这个问题自己能够处理,就把问题扣押下来,直到最后实在掩盖不住了,才告诉质量管理部门或公司高层。质量管理部门会跟踪所有客户投诉,检查当事人的处理情况,只有得到客户的认同后,某个投诉问题才算得以解决。

14.5 口碑宣传：零号媒介魅力所在

在众多的广告宣传中，和广告相比，口碑宣传几乎不需要成本。虽然口碑宣传不需要太多的成本，不过口碑宣传能够好过广告宣传，原因在于广告词太过浮华，将品牌描述得完美无瑕，而口碑宣传时人们切实体验过品牌，感觉品牌好才做宣传，更加符合实际。同样一笔钱，消费者都想花得实在，理智地花出去，而不是在消费之后有一种被欺骗的感觉。

虽然已经进入信息时代，任何品牌的消息都来自高科技信息，但是最传统的消息来源仍然没有被取代，而且在力量方面，口碑宣传是排名第一位的。

有着甜言蜜语的广告宣传带来的效果不是长久的，真正能够让企业长久发展的是信誉，只有信誉能够让企业有一个好的口碑，有源源不断的消费者。口碑的形成不是偶然的，也不是幸运的，它是一家企业长期努力得到的结果，是一家企业一直努力奋斗的最终目标。

每一家企业从普通企业变成知名企业都要经历一个漫长的过程，最后的成果都是一样的，中间的过程也是类似的，它们都具有一些相似的特点。

（1）广告词很新颖、顺口

一个品牌如何能快速让消费者记住？两个字：简单。一个不绕口的名字，一个简单的名字。消费者为什么要为你的企业宣传口碑，因为质量好，独特，与众不同，物有所值。再者，广告词新颖，让人印象深刻，并且顺口，一针见血，表明品牌的特色，容易记住。

（2）为消费者提供体验式消费

树大招风，一个品牌经过了多个广告，或者一个广告的频繁宣传之后一定会被很多人所熟知，但是广告宣传是甜言蜜语，是不可信的，面对广告上的商品，虽然是知名品牌，但是还是会让消费者有所犹豫，如何消除消费者的犹豫？给消费者提供体验式消费，让消费者亲自体会品牌，这样品牌的优点、缺点消费者就会一目了然，根据自己的标准进行评价，不管外面怎么说，人们都会相信自己的感觉。通过体验式服务很容易获得消费者的好评，让消费者为品牌宣传口碑。

（3）知名品牌引导新型品牌

很多品牌在刚上市的时候都很难拥有自己的市场，因为刚上市很难获得消费者的信任，那么如何获得消费者的信任呢？就是通过知名品牌的引导和推荐。知名品牌拥有很强的市场竞争力，占据很大的市场份额，赢得消费者的信任，如果它们推荐、引导，因为消费者相信它们，自然会相信它们推荐的品牌。所以通过知名品牌的口碑宣传，效果也是很好的。

（4）为品牌赋予有情感的故事

品牌是生活所需，很多人认为只要满足需求就可以，但是这只是简单的物质需求，任何品牌都有满足物质需求的功能。可是不要忘记，人是有感情的动物，如果能够将品牌的诞生来源加一个故事在里面，那么就赋予了这个品牌更多的情感因素，有同理心，尤其是用感性思维思考的女性消费者更会有所触动，增加购买的概率。

（5）注重细节

细节决定成败，不管是做事还是生产品牌，看的都是细节。虽然大多数品牌都是大部件，给消费者的第一印象是品牌的主体，但是品牌的主体不是细节方面，你能做到的，其他企业一样可以做到。想要提高自己品牌的市场竞争力，就要想别人想不到的，做别人做不到的。把每一个细节都想到，一心一意为消费者着想，才能真正让消费者体会到细致。企业是追求精致和质量的，这样才能更加有利于宣传口碑。

（6）提供全面体贴的服务

赢得消费者是容易的，失去消费者是容易的，维持消费者的满意度，让消费者一直相信企业、支持企业才是困难的。如果说难，只是证明企业没有对消费者用心，或者没有持续用心，如果能够始终如一地做到对消费者提出的要求快速反应，快速解决，服务全面周到，体现企业的体贴和关爱，那么消费者怎么可能会离开？

一家企业可以用大量的资金为品牌做宣传，提高知名度，提高销售量，但是这些都是暂时的，想要企业长久平稳地发展，口碑是万万不能少的，必须要把握住消费者，在服务和质量上推陈出新，无微不至。为企业创造更好的口碑，就要比其他企业做更多实在的事情，速度更快，服务更加全面，稳定保持消费者对企业的满意度，消费者就不会流失。

第15章

参与式营销策略：

鼓励更多粉丝参与进来

第15章
参与式营销策略：鼓励更多粉丝参与进来

案例导读：小米手机

小米是消费者最喜欢的品牌之一，它的出现创造了一个个销量奇迹，不但超越着自己，也超越着竞争对手。

小米成功的原因是多方面的，关于这个问题不少专业人士、同行，甚至小米自己都做了很多研究和分析。其中最具代表性的就是小米副总裁黎万强的观点：小米走的是一条参与性营销之路。这个观点是在他自己的《参与感》一书中正式提出的，这也是小米官方首次揭秘。

小米的成功关键在于调动了粉丝的参与性，鼓励粉丝参与到企业的营销中来。

为了鼓励用户更深入地参与，小米还建立了一个专门的互动论坛——MIUI米柚论坛。公司的产品设计人员、策划人员、技术人员，以及销售、服务人员都会定期与用户互动、交流，用户也可以就自己的问题与专业人士零距离交换意见。

小米的"橙色星期五"集中体现了参与性在现代营销中的重要性。在这个活动中，用户的参与热情非常高，而小米也没有辜负消费者，无论是好的还是不好的，无论是成熟的还是不太成熟的想法都会坦诚地展示在平台上。

小米要求的参与是全方位的，不仅仅鼓励每位员工要与用户经常互动，用户之间也是完全开放的，可随时随地交流。一个用户可以为另一个用户解决问题，大家在米柚论坛上，有了一种荣辱与共、惺惺相惜之感，愿意去参与、去奉献，真正贴合用户的内心需求，解决用户在使用产品的过程中遇到的问题。

> **链接阅读**
>
> 小米"橙色星期五"活动
>
> 为什么叫橙色星期五？一是取小米的标志色——橙色，二是取项目的更新和发布时间。每周五下午小米会定期发布产品进展情况。每周五下午伴随着小米橙色的标志，新一版MIUI如约而至。随后还会在下周二让用户提交使用体验报告。
>
> 通过报告（四格报告），汇总出用户上周最喜欢的功能有哪些，哪些功能正广受期待，哪些做得不够好。同时，还在内部设置了"爆米花奖"，根据用户对新功能的投票产生上周做得最好的项目，做得好的功能得到用户表扬，奖品就是一桶爆米花，以及被称为"大神"的荣誉感。

小米的"全员皆客服"集中体现了参与性在现代营销中的重要性，鼓励员工、用户，以及其他各方都参与进来。并通过网络各种资源使参与人数增加，参与范围更大，参与程度更深。这样一种参与氛围既能使问题解决起来更迅速、有效，最大限度地满足用户需求，又可为公司发展获取更多智慧、更多力量。

第15章
参与式营销策略：鼓励更多粉丝参与进来

互联网的快速发展，大大拓展了人们在认知上的时间性和空间性，同时对营销界也产生了重大影响。随着市场经济的发展和消费者消费理念的转变，许多粗放式的营销手段和方法已非常局限，取而代之的是精耕细作的销售模式。通过打造参与感，激发消费者对企业、对产品有更深刻的认识，激发其购买欲望和兴趣。

15.1 参与式营销的概念和特点

参与，即是以第二或第三方的身份加入、融入某件事之中。运用到营销中是指以客户价值理论、客户关系管理为基础，通过行为参与而形成的一种营销理念，以与企业形成相互尊重、相互信赖、共赢的平等关系。这也正是互联网时代营销传播速度快、互动性强、有超强聚粉能力的充分体现。

消费者的消费理念大致经历了这样一个过程：从最早期的"功能式"消费，演变为后来的"品牌式"消费，再到现今的"参与式"消费。对于大多数企业而言，目前，最需要迫切解决的是转变营销理念，转变对待消费者的态度和方式，研究消费者心理，加大其参与力度，挖掘消费者身上的卖点和潜力。

在这种背景下参与式营销应运而生。参与式营销，顾名思义就是先让消费者参与、体验，再诱导他们购买。

参与式营销与传统的营销方式相比，最大的特点是要更多地去关注消费者的内心需求和意愿，以消费者为中心，努力满足消费者的需求。也使企业的营销手段更加人性化，更容易让消费者接受这种营销方式，从而积极加入营销活动中，与营销人员进行有效的互动和沟通，进而清晰、准确地透露真正的想法。这种做法不仅拉近了企业与用户之间的距离，还大大提高了客户满意度。

在过去很长一段时间，互联网未诞生，或未大范围运用之前，人们的购物需求停留在一个仅满足功利性需求的阶段，买东西只是为了满足最基本的需求。如买一块手表，就是为了看时间，只要能准确指示时间即可。至于这块表是国内品牌还是国外品牌，是瑞士产的还是德国产的，很少有人关注；买一件羽绒服，也只是为了御寒保暖，而对其外表则很少关注。

随着社会的发展，商品日益丰富，消费者的消费观念也在发生变化，内在感受已成为影响消费的主要因素。消费者选择一件商品时，心里也在不知不觉地向品牌的知名度、美誉度方面倾斜。

消费者不同时期的心理变化，如图15-1所示。

互联网经济时代，企业在营销方式上也越来越开放，不但积极更新自己的做法，还鼓励消费者参与进来。衣服好看不好看，可以先试穿；食物好吃不好吃，

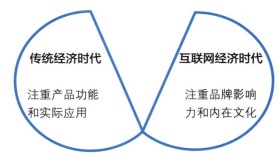

图15-1 消费者在不同时期的心理变化

可以先尝；手机用起来爽不爽，可以到体验店去尽情玩。与此同时，一大批向消费者开放、鼓励参与消费的卖场、超级市场逐步取代传统的百货商店。诱导参与的一系列手段，如优惠卡、优惠券、电子券、线上线下活动等也纷纷亮相。

可见，参与式消费时代已经到来，并正在引导企业重视用户体

第 15 章
参与式营销策略：鼓励更多粉丝参与进来

验，因此，企业在营销中要尽量为用户提供参与条件、参与环境。如在产品购买前，创造各种参与活动，设立各种参与激励，满足用户参与心理。

企业如果希望重新获得消费者的关注，就不能像过去那样一厢情愿，而是要倾听、要融入客户中，并不断调整自己的沟通方法和策略，将重心从"干预"转移到吸引他们"参与"方面，开展"客户参与式营销"。

15.2 打造参与式营销的4个方面

互联网时代的营销尊崇用户至上，做好用户体验就能赢得用户的"芳心"，只要能让用户参与进来，让他们有参与的激情与欲望，产品自然会被接纳和认可。

谷歌很早就深谙这个道理，树立了"一切以用户为中心，其他一切纷至沓来"的经营理念。

案例1

2004年谷歌推出Gmail电子邮件，完全是依赖于口碑的推广，当时谷歌为新老用户提供了几千个Gmail试用账户，并以邀请的方式让参与者有种身为谷歌用户的荣耀感。试用用户以各种各样的东西来交换，比如到迪拜度假两夜，或者交换旧金山的明信片。在有些地方甚至高价买卖，如在英国，一个Gmail账户的价格高达75英镑。

这些数量有限的账户迅速在全球范围内传播开来，这就是谷歌依靠强大的体验营销获得的成功。

如今，很多企业，尤其是电商、微商等新兴企业，大多也开始依靠体验营销吸引客户。只要能做好用户体验，产品信息、品牌知名度就可以通过用户的口碑传播出去，而且传播范围更广，传播速度更快，买卖双方的信息更加对称。

那么，作为企业来讲，该如何做好参与感呢？可从以下四个方面入手。

（1）全面了解什么是参与感

所谓参与感，就是亲自去体验和检验，不论是外在感官体验（视觉、听觉、嗅觉、触觉等），还是内在情感体验（愉悦、兴奋、温馨、舒适等），总之要真正地用自己的身体去经历。

（2）构建完善的用户参与体系

构建参与感，即把产品设计、生产、销售、售后以及品牌推广等所有的流程都公开化、透明化。让用户参与进来，形成一个看得见、摸得着、可拥有的体系。在具体构建时这是有章可循的，也是有先例可模仿的，下面看一下小米是如何做的。

案例2

小米的参与体系分三个战略、三个战术，又称为"参与感三三法则"。战略政策层面，主要是需要做什么，或不做什么；战术是执行层面，主要是如何做，做得怎么样。战略如在冰山之下看不见,战术如在冰山之上更可感知,两者互相促进,互为一体。

> **链接阅读**
>
> 小米的参与感三三法则
>
> (1)三个战略
>
> 产品战略:小米认为,企业无法形成产品线,就难以形成规模效应。小米产品线从手机单品延伸到净化器、电视、路由器、智能硬件在内的多条产品线。而且每个产品都要做到极致,做到这个品类的第一。
>
> 用户战略:小米是粉丝文化的先导者,小米的粉丝也是世界上最强大、最忠诚的粉丝群之一。也就是说,产品要想受用户欢迎,首先必须让所有人成为产品的粉丝,并要让其从中获益。
>
> 渠道战略:网络的去中心化,使每家企业都成为相对独立的自媒体平台,小米鼓励、引导每个员工、每个用户都成为"产品的代言人",从而建立一条有特色的营销渠道。
>
> (2)三个战术
>
> 开放参与节点:开放节点是基于功能需求的,越是刚需参与的人越多,也就是说企业和用户双方都要能获益。双方互利的基础就是在整个流程中找到平衡点,当将产品以及产品的相关流程完全开放后,筛选出对双方都有利的节点。
>
> 设计互动方式:小米的互动遵循的是"简单、获益、有趣和真实"的设计思路,即根据开放节点进行相应设计,把

> 互动方式要像做产品一样持续改进。2014年春节的"微信红包"活动就是极好的互动设计案例,大家可以抢红包获益,有趣而且很简单。
>
> 　　扩散口碑事件:扩散是个数量从少到多、范围从小到大的过程,具体做法是先筛选出第一批产品最大的认同者,小范围发酵参与感,把基于互动产生的内容做成话题,做成可传播的事件,让口碑产生裂变,从而影响更多用户参与,同时也放大了已参与用户的成就感。

　　广告界有句名言,"一直被模仿,从未被超越",任何事情没有因为模仿得好而超越对方的。但这并不意味着不可模仿,根据小米的参与感三三法则,后来者可以遵循其足迹打造属于自己的参与感营销体系,并根据自身情况敢于创新,敢于突破。

　　有些企业为什么无法持久地吸引用户,就是因为产品品种太单一,而又无法将单一的产品做到爆品。做单品爆款要求比较高,需要做细做精,尽管这是一种不错的产品策略,但只适合少数精英企业。所以,对于大部分企业来讲仍是"多即是好",要能给消费者提供更好的体验、更多的选择。目前,无论是市场原因还是消费者自身原因,企业在产品策略上都在寻求多样化,这是个大趋势。

　　小米不也同样开始走产品多样化的路线了吗?在这种背景下,延长产品生产线,增加产品系列化是满足用户参与营销的未来出路。产品系列化是横向策略，主要是做衍生品。仍以小米手机为例，看看小米是如何做他们的单品系列化的，如图15-2所示。

延长产品生命线是纵向策略，主要是另做单品。为了满足用户需求，小米产品开始越来越多样化、丰富化，已从单品手机延伸到净化器、电视、路由器、智能硬件等多条产品线，如图15-3所示。

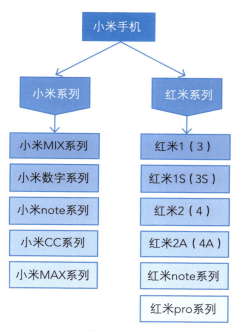

图15-2 小米产品线的横向发展策略

图15-3 小米产品线的纵向发展策略

(3) 增加用户黏性

参与感扩散的背后是信任，是企业与用户关系此消彼长的一个过程，如果能向信任力度更强的关系进化，那未来的参与感营销会做得更好，反之就会越来越差。

值得注意的是，增强用户关系的最关键因素还是利益，功能、信息共享都是围绕利益进行的激励，所以说用户的利益高于一切，企业做任何事情都要考虑到用户利益。

(4) 不断优化用户参与

如今的用户对体验非常在意，企业要通过不断优化用户体验方式，让产品真正潜入用户大脑中，使其记住的不是广告，而是由亲身体验后对产品的认可，使其即使见不到产品也会产生饥渴性需求。

以小米为例，在小米的产品理念中，米粉可以全方位地参与，比如在产品开发阶段，他们就开始参与进来了，其中不少人出谋划策，将自己的想法表达出来；在新品测试阶段，更是在几分钟内便有数百万粉丝涌入网站抢购，并提出自己的意见；而当产品要上市时，上千万米粉自主宣传，效果也是不言而喻；当产品销售后，那些发烧米粉又积极地参与到产品的口碑传播和每周更新完善之中，如图15-4所示。

通过参与小米让用户扮演的不仅仅是消费者的角色，还是产品经理、测试工程师、口碑推荐人、梦想赞助商等多种角色，正是有了这些角色，他们才能热情饱满地参与到营销的各个环节中来。

图15-4 小米用户在参与时扮演的不同角色

15.3 进行参与式营销的3大模式

参与是把做产品、做服务、做品牌、做销售的过程开放，让用户参与进来，建立一个可触碰、可拥有，和用户共同成长的品牌，使用户最大限度地体验到产品带来的心理感受。那么如何带动用户积极参与进来呢？

经总结，有三大模式，具体如下。

（1）建立体验店：情景化体验

营销结果固然重要，但让消费者享受消费的过程则显得更为重要。于是便产生了体验店模式，目的就是要把消费者从过去的被动接受变成现在的切身体验，让消费者的参与时间更长，更便于做出购买决策。一个消费者愿意花更长时间去体验产品、参与营销，说明其购买意愿很强，这就是参与性对促进营销所起的潜移默化的作用。

案例3

宜家家居在全国各地都有很多实体店,他们做的店面体验非常有特色。大多数家具店面是"眼看手勿动,动也只能小动",而在宜家可以随便试用。另外,宜家在摆设上是经过精心设计的,搭配完全符合日常生活场景,在视觉效果和心理感受上截然不同,使人产生想将所有东西都搬回家的冲动。宜家已经超出简单的家居卖场范畴,进而升级为一个家具乐园,消费者的第二个"家"。

(2)跨界经营:以多取胜

在互联网时代,非常流行跨界经营,每家企业也都想寻找主业务之外的第二产业。其实,这都是为了能把更多的消费者留下来,现在不少百货商场、购物中心不仅在卖服装,而且开始鼓励餐饮、电影院、游戏城等入驻。

有些有特色的书店,不仅在卖书,还打造了一个以"体验"为主的读书店。

案例4

广州方所书店就是这样一家书店,定位高端,为了增加读者的体验感,在环境上狠下功夫,装修新颖,配设豪华。同时,还实现多功能管理,配套设施齐全,开咖啡厅,设阅读角,俨然成了一个极具"文艺范"的休闲场所,使其不但吸引了大批购书者,还有一大批读者爱好者、书迷。

可见，跨界经营已经是大势所趋，这样做的目的就是以多取胜，增加消费者参与的可能性。

（3）O2O模式：线上线下配合

在网络企业，O2O已经成为大众关注的商业模式，几乎人人都在谈。对于传统企业而言也同样适合，打通线上线下，做全渠道也势在必行，美特斯·邦威体验店、苏宁"嗨店"的诞生都是O2O模式运用的结果。

优衣库是使用O2O模式的成功典型，线下有众多门店，线上有官网、App，还入驻了天猫、有货等第三方平台，也有微信、Line等社交媒体账号，实现了线上线下的多渠道互动、循环，大大提高了消费者的体验。

第16章

体验营销策略：

充分调动消费者的感情、感觉、感知

第16章
体验营销策略：充分调动消费者的感情、感觉、感知

案例导读：云燕安家

云燕安家——上海华燕房盟网络科技股份有限公司旗下的一个营销App平台，其中最具有特色的就是VR（虚拟现实）技术的推出，可以让购房者足不出户，便能在虚拟环境中看房、选房。

该公司之所以能够实现这一效果，是因为他们将样板房型上传到手机App上，建立3D模型，并通过特殊的技术对材质光照效果进行处理，然后再接通VR设备，让购房者通过设备在手机、平板电脑等移动智能终端就可以看房、选房。

当购房者戴上VR眼镜后就可以清楚地看到房屋的立体模型，户型、大小、朝向、装饰细节、材料等全部可以展现在眼前。如果对某套房子特别中意，还可以调出更多的细节，如精装房的安装细节。曾有看房者就这样描述："当时看到的时候，我整个人都被震惊到了！床的位置、床旁边的插座、灯具等都画出来了，非常直观，全投影放样真正为我们业主确保了一个所见即所得的整个家。"这种近距离的体验方式会有种置身其中的真实感。如果还有不明白的地方，可以通过客服系统接入专人服务，进行深入沟通。

VR技术，大大提高了购房者的购房体验，传统线下可能忽略的细节，通过VR眼镜也可以全方位看到。

与此同时，看房效率也大大提高了，用户不用再在看房上花费大量的时间和精力去比对。据华燕房盟副总裁叶伟介绍，大多数购房者平均要看20套才能最终做出购买决定，而这20套房以半个月一

> 套,也要花10个月的时间。通过VR设备可同时看多款不同的房型,并及时过滤掉不满意的房源。
>
> 在对虚拟现实技术的应用上,华燕房盟一直走在前沿。目前已经与索尼、HTC、Facebook等顶级虚拟现实厂商展开合作,还将很快与微软基于HoloLens产品的应用化达成合作。而凭借虚拟现实技术打造的这款看房App,已呈盈利态势,在市场上的反响也非常热烈,以至于万科、绿地、金地、农房等知名地产商纷纷效仿,开发类似的看房系统。

VR(虚拟现实)技术在房地产行业的运用,只是这项技术快速发展的冰山一角。随着技术的不断成熟,在实际中的运用会越来越多,虚拟游戏、4D试衣间等都是在其他领域的具体运用。那么,为什么VR技术如此受欢迎呢?最主要的特点就是它的体验性更强,能给用户带来前所未有的真实感受。

16.1 悄然而至的体验经济时代

一款产品或服务的体验对用户至关重要,谁能给用户一个积极、高效的体验,用户就会选择谁,并产生持久的忠诚度。任何产品、服务都是满足用户某方面需求、解决用户某个实际问题的,如可以提高生活质量、提高工作效率、改善人际关系等。但这些目标的实现都要基于一个良好的体验,因此,做产品必须先做好体验,

第 16 章
体验营销策略：充分调动消费者的感情、感觉、感知

强化体验的性能，让用户真真切切地感受得到。

在强化产品体验之前，需要先对体验营销的概念进行详细的了解。所谓体验营销，就是通过看（see）、听（hear）、用（use）、感觉（feel）的手段，充分刺激和调动消费者的情感（feel）、感官（sense）、思考（think）、联想（relate）、行动（act）等感性因素和理性因素，以达到重新定义、设计的营销方法。

在对体验营销了解的基础上，可以总结出打造用户体验的流程和方法。

（1）打造用户体验的流程

应紧紧围绕消费者的看、听、用、感觉等方面，去挖掘、刺激他们的情感和感官感受，促使他们在思想上和行为上有所改变，如图16-1所示。

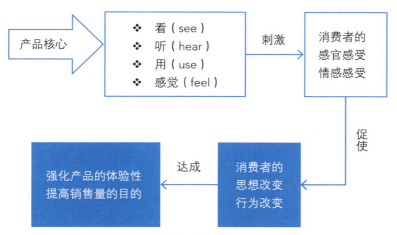

图16-1 打造用户体验的关键环节

（2）打造用户体验的方法

打造用户体验的方法是根据流程中不同环节逐步提取出来的，如在"刺激"环节可以围绕感官感受和情感感受来做；在"促使"环节可以围绕思想层面和行为层面来做；在目的"达成"环节还可以延伸出关联式的方法。

16.2 打造用户体验的5种方法

体验营销的出现代替了传统的销售特色和方式，意义在于体验营销可以让消费者切身体会到品牌对于他的用处，找到购买品牌的实际意义。消费者的体验在能够承受的消费范围之内，增大消费者在体验后购买品牌的可能性。有创意的品牌，在消费者进行体验的时候就能感觉到它的与众不同，为后续提高消费者的满意度打下基础。

可总结出五种用户体验打造法，具体如图16-2所示。

图16-2　打造用户体验的五种方法

（1）感官式

感官式营销是通过视觉、听觉、触觉与嗅觉建立感官上的体验。它的主要目的是创造知觉体验。感官式营销可以区分公司和产品的识别，引发消费者购买动机和增加产品的附加值等。以宝洁公司的汰渍洗衣粉为例，其广告突出"山野清新"的感觉，公司为营造这种清新的感觉做了大量工作，事实证明后来取得了很好的效果。

（2）情感式

情感式营销是在营销过程中，触动消费者的内心情感，创造情感体验，其范围可以是一种温和、柔情的正面心情，如欢乐、自豪，甚至是强烈的激动情绪。情感式营销需要真正了解什么刺激可以引起人们的某种情绪，以及能使消费者自然地受到感染，并融入这种情景中来。在"水晶之恋"果冻广告中可以看到一位清纯、可爱、脸上写满幸福的女孩，依靠在男朋友的肩膀上，品尝着他送给她的"水晶之恋"果冻，就连旁观者也会感觉到这种"甜蜜爱情"。

（3）思考式

思考式营销是启发人们的智力和创造性，让消费者获得认识和解决问题的体验。它运用惊奇、计谋和诱惑，引发消费者产生统一或各异的想法。在高科技产品宣传中，思考式营销被广泛使用。

案例

1998年苹果电脑的iMac计算机上市仅6个星期，就销售了27.8万台，被《商业周刊》评为1998年最佳产品。iMac的成功很大程度上得益于一个思考式营销方案。该方案将"与众不同的思考"的标语，结合许多不同领域的"创意天才"，包括爱因斯坦、甘地和拳王阿里等人的黑白照片。

在各种大型广告路牌、墙体广告和公交车身上，都能看到该方案的平面广告。当这个广告刺激消费者去思考苹果电脑的与众不同时，也促使他们思考自己的与众不同，以及通过使用苹果电脑使他们成为创意天才的感觉。

（4）行动式

行动式营销是通过偶像、角色，如运用影视歌星或运动明星来激发消费者，使其生活形态得以改变，从而实现产品的销售。

（5）关联式

关联式营销是指一个产品页同时放了其他同类、同品牌可搭配的关联产品，由此达到提高点击率，增加转化率，扩大产品销售量的一种方式。关联式营销战略特别适用于化妆品、日常用品、私人交通工具等领域。美国市场上的哈雷牌摩托车，车主们经常把它的标志文在自己的胳膊上，乃至全身。他们每个周末会去全国参加各种竞赛，可见哈雷品牌的影响力是多么不凡。

值得注意的是，这五种方法之间存在着一定的逻辑关系，由浅入深，越到后面，体验性更大，越容易给消费者留下深刻的印象。同时，对企业来讲开发的难度也会越大，成本也越高。这与用户体验的层次息息相关，试想一下，如果一款产品同时做情感、感官、思考和行动等综合性体验，与只做情感性体验相比，所消耗的人力、物力、财力自然是无法比拟的。因此，企业在打造产品用户体验时一定要有精准的定位，根据自身的实际情况先确定一个主题，鉴别到底需要哪个层面的体验，然后再决定选择什么样的方法。

16.3 构建用户体验的底层逻辑

用户体验是在用户使用产品的过程中建立起来的一种纯主观感受。这种体验做得好，可覆盖所有利益相关者的利益——使产品或服务更有价值，更容易被用户接受和认可，甚至与用户形成一种内在的良性互动，使用户乐在其中。

这就需要构建体验营销的底层逻辑，在具体做的时候需要把握好以下五个要素，运用起来就能游刃有余。

要素1：确定体验的主题

每家企业旗下的品牌可能不止一个，在让消费者体验之前确定可以让消费者体验的项目，通知所有员工确定体验的主题之后，后面的工作才能更加明确。

要素2：确定体验想要给消费者留下的印象

每一次企业举行的活动都不是为了快乐，都是为了营销，但是营销也分为很多目的，是为了营销品牌，还是为了品牌做一次宣传，或是为了在消费者的心中留下某种印象。营销品牌就是为了把品牌卖出去，宣传品牌是为了让消费者知道品牌，然而给消费者留下比较统一的印象却是一件难事。不同的人对同一个品牌会有不同的关注点，就会产生不同的印象，如果这样就达不到企业想要的效果。

让消费者对品牌有一个印象，这是企业给消费者出的题目，而且企业希望消费者的答案统一，为了让消费者心中对品牌有同样的印象，企业就要做出一个方案，在整个体验过程中都向着一个印象去努力，这样就可以在不知不觉中让消费者对品牌的印象达成统一，而体验过程中的感觉就是最有力的证据。

印象的设计要慎重，选择最重要的，和主题一致的，品牌正面的，体现企业积极向上的。

要素3：扬长避短

体验过程要集中体现品牌优势，可以在正式体验之前进行预演，从而尽量归避劣势。同时，针对体验过程中可能出现的不利于正面印象的问题，提出解决预案，将可能造成的负面影响降到最低。

要素4：给消费者额外的刺激

体验的过程是暂时的，想要让消费者体验的感觉能够保留更长的时间，企业需要去生产一些附加品牌。例如，很多人在旅行的时候会拍照片，因为看照片能让他们想起旅行时候的事情和心情。看演唱会会有门票和一些荧光棒、装饰品之类的，这样在今后看到门票的时候就能想起关于演唱会的事情。在体验之后，为了增强消费者的体验，企业可以做一些附加品牌，代表企业，代表这个品牌，代表这次活动，制造出专属于活动的纪念品加深消费者的印象。

要素5：感官刺激越多，消费者印象越深刻

通过生活中的体验就可以总结出感官上的刺激给人留下的印象是最深的。在体验中，多设计一些独具匠心的东西，颜色上可以大胆一些，深浅对比强烈一些，图片的设计可以不那么规则，越是与众不同，印象越深刻。在声音上可以选择某段时间设计搞笑有趣的音乐，一来让消费者放松，二来可以刺激消费者的听觉体验。诸如此类，通过感官刺激消费者，出奇制胜，用最好的来给消费者最深的印象。

16.4 创造令消费者惊喜的体验

在一个新的品牌上市的时候，每家企业都会为品牌做大量的宣传，广告、传单、促销活动等。世间品牌成千上万个，几乎每天都会有新的品牌上市，有新的广告宣传出现在消费者面前，而消费者面对这些广告的时候，眼花缭乱是他们唯一的反应，即使有时间，他们也不知道去看哪一个，可能只是随便看一看。因此，想在众多消费者中选出有价值的消费者来体验，那么为消费者制造惊喜，做出有吸引力的活动是十分必要的。

广告多只是困扰消费者的其中一个问题，更加严肃的问题是很多广告和实物有差别，很多企业都通过广告欺骗了消费者，为此，目前消费者对于广告的信任是越来越低。

消费者对品牌的需求远远没有企业想象的那么复杂、那么高。很多消费者追求的都是高品质的生活，他们宁愿多花一点钱，也不希望买到价实货不真的品牌。他们只希望买到企业用心生产的品牌，每一个细节都想得周到、设计得精美，他们不要太多服务，只要品牌能够让他们用得舒服就行。

很多企业就没有想到这些，在做宣传的时候，用着精心生产的品牌，而真正销售的品牌却处处是瑕疵。销售的时候说着自己对消费者有多么多么好，可是真正服务的时候却变了样。消费者也是有血有肉的人，他们能够感受到一家企业到底有没有用心生产品牌，三分钟温暖真实的体验好过听销售员一百句奉承的话。

真实和用心是消费者最需要的，而体验营销就是通过体验让消费者感受到企业对品牌的用心，经营的真实性，以此获得消费者的信任和支持。

虽然现在消费者已经很难相信企业宣传的广告,但是这不代表企业没有办法让消费者去参加体验营销。每一个品牌都有自己的消费者群体,而每一个消费者需要一个品牌都是有一定的表现的,在生活态度上也能有所体现,因此,企业在面对一个人时需要细心地观察,看这个人身上是否有需求,如果有,就要营造一个良好的体验,以充分吸引他的注意力,将其吸引到产品上来。

企业在生产品牌之前就要对品牌进行定位,它是为什么样的消费者生产的,它的用处是什么,文化定位、价值主张这些因素企业都要确定,随之才能确定好品牌的定位和价值。为了衬托品牌的定位和价值,企业才知道品牌生产要采用什么样的原料,对消费者提供什么样的服务才能配得上消费者的地位。一个企业品牌的打造,成功在企业,失败也在企业。消费者的满意度不是靠优惠的价格来的,而是做出来的,品牌的质量、定位、服务等综合因素的优质不需要企业做宣传,一样可以获得好口碑。

企业想要通过品牌传达给消费者什么,就要做到什么,如果企业连自己的宗旨都不确定,那么消费者又怎么能知道能从该品牌中得到什么。一个商店的装潢、布置,到售货员的专业素质、品牌的质量、提供的服务都可以体现出一家企业的宗旨和销售目的。

想给消费者传达什么,就做什么,不仅要做,还要做到极致,做得突出,做得明显。当企业用心地创造出令消费者惊喜的体验,并且货真价实,不忘初心,那么企业的未来一定是不可限量的,消费者也会一直忠诚于企业。

第17章

文化营销策略:

好品牌都有深厚文化底蕴做支撑

> **案例导读：三只松鼠**

三只松鼠成立于2012年，总部位于安徽芜湖，主要经营坚果、肉脯、果干。连续7年成为双十一天猫食品销售额第一名，累计销售额超过200亿元，消费者超过1亿人。2019年7月12日，三只松鼠成功上市，被称为"国民零食第一股"。

三只松鼠的成功离不开它推崇的萌文化。三只松鼠外包装是三只卡通松鼠的形象，分别代表三种主打产品。鼠小贱代表坚果类食品，它喜欢唱歌和跳舞，吃得了美食也吃得了苦，要得了贱也要得了研究。鼠小美代表花茶类食品，它温柔娴静、优雅大方、美丽可爱，喜欢吃甜食。鼠小酷代表干果类食品，它是具有知性气息的新一代男神，温柔体贴，绅士温暖，是一个十足的暖男。

为了更好地凸显这种萌文化，强化品牌在消费者心中的印象，将文化融入每次消费过程当中。而且从品牌包装到对外宣传、店内布置都是以这三只松鼠为主。甚至每当消费者下单都能"领养"一只鼠小箱，包装箱上写着"主人，开启包装前要仔细检查哦"，还印着"超级感谢为松鼠星球运送美食的快递哥哥们，你们辛苦啦，如果您也想尝尝美食，就快快来松鼠家吧！"

三只松鼠的客服名字叫鼠小弟，把每一个消费者都称为主人，让每一个和客服对话的消费者都感觉好像和一只小鼠宠物在对话。

三只松鼠的形象让消费者感觉十分有趣，增强了品牌的独特性，也成为三只松鼠这个品牌的最佳代言人。

第17章 文化营销策略：好品牌都有深厚文化底蕴做支撑

其实，这正是三只松鼠的成功之处，坚持文化营销。从成立以来一直主打萌文化，品牌定位于森林系。三只松鼠紧抓萌文化，增强消费者的体验和服务，因为精确的文化定位打动了消费者，推动了品牌的营销。

正如其创始人所说："销售不是目的，体验才是重点，是让消费者从品牌购物需求到精神需求再到产生购物的冲动，是一种娱乐化的零售。"有精确的文化做底蕴，营销就不会是难事。

17.1 文化是企业中不可或缺的资源

任何企业的发展都深受其文化的影响，有深厚企业文化的企业才有凝聚力，才有发展的潜力。

那么，什么是企业文化呢？一般是指在一定的条件下，在企业生产经营和管理活动中逐步形成的，具有企业特色的精神财富和物质形态。它的范围非常广，包括文化观念、价值观念、企业精神、道德规范、行为准则、企业发展历程等。

企业文化包含的内容如图17-1所示。

企业文化对于企业发展的影响往往是间接的、潜移默化的，可能

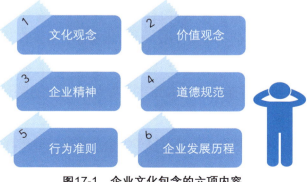

图17-1 企业文化包含的六项内容

短期内无法显现出来,但只要积累到一定程度就可以看出来。

企业文化对企业的影响主要表现在以下六个方面。

(1)影响企业价值观的形成

企业价值观包括企业经营的理念、信仰、风格。可以说企业的价值观就是企业发展的导向,如果企业的导向出了问题,那么企业的发展就会出现问题。企业只有一个正确的价值观才能得到消费者的认可和支持,才能有更好的发展前景。

(2)影响企业对外的精神面貌

企业精神在企业中占据着十分重要的地位。企业的精神会影响整个企业的工作氛围和员工精神。如果企业能有一个好的精神,那么企业的员工就会有凝聚力,团结一心,众志成城,这样积极的工作氛围可以激励每一个员工,让他主动形成对待工作积极认真、努力进步的态度,这样的企业才会发展得越来越好。

企业精神面貌不仅影响企业的工作氛围,对于企业的精神面貌也有着很大的影响。每一个员工在外面都代表着企业,一举一动都能折射出企业的精神面貌,如果企业有一个好的企业精神,并且将这些优秀的企业精神深入地传达到员工的内心,让他们深受影响,那么他们的生活也会积极乐观,越来越好,成为越来越优秀的人,走在外面都会给别人留下一个好印象,直接给企业一个正面的印象。

正面的企业形象可以帮助企业挖掘出潜在消费者,给所有的消费者留下一个好印象,这是挖掘潜在消费者最简单的方法。

（3）影响企业在外界心中的印象

一家企业带给外界最直观的印象就是品牌的外观。外观上的文字、图案、商标设计这些都是和企业精神有联系的。除了品牌，还有企业和员工的相关设计。例如企业的大楼外观、员工的工装设计、企业内部的装饰都是能够体现企业文化的，这些企业文化都会直接影响消费者的购买意愿。

（4）影响消费者对企业的品牌质量信任

企业有正能量，发展才会顺畅。如果企业拥有真诚和实在的企业文化，那么就会让消费者对企业信任，消费者的信任直接影响购买品牌的意愿和频率。保证品牌有质量也是企业文化的内容之一，企业的质量文化可以给消费者好的引导，促进消费者消费，提升消费者对企业的忠诚度。

（5）影响企业对消费者的服务

在品牌数量和种类不断增多的现代，消费者对品牌自身的要求变低，而对品牌所附加的服务要求增多。企业积极的问话精神可以让员工在工作时的态度更加端正，在服务上对消费者更加真诚、和蔼、有耐心，促进消费者的消费，提升消费者的满意度。品牌质量几乎没有差异的时候，提高服务质量就是提高竞争力。

（6）影响企业在消费者心中的信誉

信誉是企业的命脉，没有信誉的企业就是失去了消费者的信任，失去了信誉就是抛弃了消费者，没有消费者的企业自然是没有发展的。坚持生产有质量的品牌，对于消费者的每一个问题都真实回答，不天方夜谭，不口若悬河，赢得消费者的信任，从消费者的角度考虑问题，让消费者感觉到贴心、细心、耐心，那么消费者就会相信企业的问话，认为企业的员工是坦白诚实的，值得信赖的。

17.2 文化营销成为品牌营销新利器

鉴于企业文化对企业的重要性，越来越多的企业把文化融入企业经营管理中，其中一项就是营销管理。经过实践证明，企业文化对于营销有诸多积极作用。通过文化营销，可以让消费者感受到企业的文化内涵，让消费者感觉企业的品牌是有品位的，有灵魂的，有内涵的，与众不同的，让消费者与企业产生共鸣，对企业更加信任。

案例

同仁堂，它的品牌地位和影响力是用100年做起来的，那100年的药量有多少呢？如果没有昔日"皇家御用"，它的价值感就没有，那它的影响力也就没有，所以这个昔日"皇家御用"是价值感塑造的。

像很多具有影响力的单位的指定产品，塑造的是价值感，用这一资源形成品牌的定位。同仁堂是昔日"皇家御用"就定位了它是高贵的选择，不用讲它的深厚历史，也不用讲它有多高明的手段，只要认同就可以。

第 17 章
文化营销策略：好品牌都有深厚文化底蕴做支撑

好的品牌是需要文化支撑的，深厚的文化让品牌长盛不衰。品牌是消费者文化利益的代表，是文化个性的象征，文化形成利益、定位、认同，当消费者对品牌文化产生认同时，该品牌就可以长时间地占据消费者的内心。

品牌的文化积累是企业走向成熟的过程，是企业运作思路、体系建设完善的证明和检验；它也是市场分割的利器，在成熟的市场里，消费者选择什么品牌、不选择什么品牌，85%以上选择的是感觉，感觉是由品牌的定义出来的。我们对品牌的理解就是，品牌是消费者利益与价值的象征。这个利益价值再深刻点说是消费市场文化利益和价值的认同。

所以品牌必须有一些文化底蕴，用"文化"作为武器去攻击消费者的内心，让消费者在心里产生认可，形成行动。这个攻击的过程就是品牌文化在消费者心中塑造的过程。那么，品牌文化是如何形成的呢？这就需要给产品赋予一定的"文化"标签。

企业的营销方式有很多种，最让人难忘的则是文化促销。虽然最常用的广告促销或者打折促销很容易令人心动，但企业真正的发展在于对文化的发展，做出与众不同的文化，才能稳定市场，持续占有市场份额。品牌可以被替代，企业文化的精神是不能被替代的。

用文化吸引消费者，赢得消费者的心，是企业经久不衰的保障。那么，什么是企业文化营销呢？

所谓文化营销，就是企业以分析、培育、满足、引领消费者的文化需求为出发点，以发掘和传播与之相适应的核心文化价值观念为手段，在营销全过程主动进行文化渗透，运用文化含量来提高产品附加值和差异化优势，以提升顾客价值和满意度，成为企业长期竞争优势，充分体现"以人为本"的一种营销方式。

在文化营销力的打造上，可以从如图17-2所示的四个方面入手。

图17-2　文化营销力的打造

（1）将文化加入企业经营中

消费者看企业就像是看一个人一样，第一印象最重要。企业做文化建设的目标就是辅助管理，强化企业形象和品牌影响力。所以，做文化营销，必须先将文化融入企业的经营管理中，让消费者在购买产品之前就能感受到企业特有的文化氛围。

（2）将文化融入品牌建设中

在文化全面融入企业中后，接下来就是将文化融入品牌建设中，这样在营销的时候，介绍品牌的同时就是宣传企业的文化理念。看似普通的品牌，因为文化特色的加入而变得与众不同，做到这一点，企业的营销力就赢在起跑线上了。

（3）营销中加强对企业文化的宣传

在组织营销活动中，需要把企业文化同时宣传出去。这个时候起重要作用的就是营销人员，不仅要将企业文化融入产品中，还要及时传递给消费者，让消费者同样认识到企业文化的重要性，让消费者更多地感受到企业文化，接受并认同企业文化。

这样才能将企业文化带到消费过程中，让消费者感受到企业文化的最终目的还是让消费者为企业做宣传。企业开发一个消费者不是一件容易的事情，但是消费者给企业开发一个消费者却是一件很简单的事情。

（4）坚决去执行

最后，想让文化真正在企业的营销中发挥作用，除了把企业文化作为宣传的重点之外，还要把企业文化实实在在地加入行动之中，不仅要在企业的高层中达成共识，最重要的还是让所有的员工也都有这样的认识，企业上下齐心协力才能取得好的效果。

17.3 铸造企业文化营销力

当文化营销登上舞台，就注定要改变过往传统的营销方式，逼迫企业做出改变。市场从来都是适者生存，优胜劣汰。有文化营销的企业与采用传统营销方式的企业不同，经实践证明，打着文化旗帜的企业发展更好。

因为文化的魅力吸引着消费者，让消费者对企业有了更多的希冀和盼望，企业虽然任重道远，但是只要铸造好企业文化营销力，就能平步青云。

没有品牌的企业是没有发展的企业，有人认为如果在企业的营销中加入文化,那么营销会推动文化的发展,事实上是企业借着文化在发展。如何打造知名品牌,最重要的就是借助文化的力量。

企业文化很多企业都在提,不少企业也或多或少地有,但很多文化无法转化为营销力,这就是文化不够深厚。那么,如何打造深厚的企业文化呢?可以从两个方面入手。

(1)将原有文化进行拓展

企业只有在不断拓展品牌的内涵和外延的情况下,才会不断赋予品牌新的生命力,拓展品牌的内涵和外延最关键的就是提升品牌的文化底蕴。

在全球品牌的并购与管理中,真正的跨界思维与国际化思维,其实是文化的融合。一家企业在并购另一家企业的品牌之后,尤其两个不同品牌的并购,如何进行文化融合是关键,必须要清楚自身的文化是否适应新品牌,是否适应这样一种全新的市场规则,以及并购后是否仍能保持品牌原有的核心文化。

(2)文化本土化

文化本土化包括两层含义:一是全球品牌的本土化管理,二是全球各地区本土化与国际化的融合。企业品牌的并购或者跨国并购,都关系到这两者的关系,既能本土化地适应,又有国际化的品牌形象。

上述问题实际上体现了如本土企业拥有了跨国品牌,如何在中国的可持续发展关系。解决这些关系,中国的本土企业,特别是无品牌的企业,无强势品牌的企业,就能大胆地走出去进行跨国并购。因为你再也碰不到这么好的机会了，与其自己造车，不如搭车上路。

当企业将文化融入品牌之中，那么这个品牌所在的高度就提升了，不仅仅是一个品牌，还可以体现用户的情操、素养、信仰等。这些被赋予的因素，可使品牌价值提升，价值的提升直接提高了企业的利润。

17.4 做文化营销时常犯的错误

（1）营销人员的营销理念不明确

营销人员的营销理念不明确。在产品高度同质化的今天，要把一个有别于其他企业、其他产品的信息传递给目标顾客群，是赢得市场的关键所在。营销人员是企业产品信息的传递者，他们的理念不明确，是信息传递失真的根本原因，这直接造成企业产品销路不畅，大量积压。经济效益难以实现，更别谈社会效益了。

（2）营销水平落后

文化产品归根结底是商品，只有销售出去才能实现其价值。我国的文化企业在以顾客为中心、以市场为目标方面做得不尽如人意，大部分文化企业缺乏专业的市场营销部门，虽然经营中也采用了一些市场营销策略，但很少像美国那样花较多的资金进行营销活动。而且，我国文化企业在打造文化精品和品牌方面虽然已起步，但仍在低水平运转。树立名牌意识，打造属于中国文化产业的名牌，提高产品在国际市场的影响力和竞争力，是我国文化产业发展的重中之重。

(3) 文化营销的理解片面

任何一种文化均可看成是由表层结构、深层结构和意义结构的统一。我国的企业所认为的文化主要是对文化的表层结构的含义，多是文化的可感知、可观察的感性外观形态和载体，包括物质形态、行为方式和表征体系。如大多数企业只追求表面的文化形式，忽略了文化的深层次含义，如社会地位和身份的提示、炫耀或象征等。

(4) 文化营销缺乏创新精神

文化营销重在对文化的创新，而不是简单照搬书本上或别人现成的东西。比如有的企业只是想到一个好听的名字就如获至宝，马上就开发产品，进行主观的文化臆造，只是想当然地认为这个产品一定不错。这种以自我价值观代替消费者的价值感受从一开始就是错误的，注定是肤浅的"文化"。

第18章

危机营销策略:

很多机会往往就潜伏在危机之中

案例导读：星巴克

咖啡连锁店——星巴克长期以来都是白领们趋之若鹜的场所，不但有口味醇正的咖啡，还有着令人心情愉快的音乐、环境。星巴克的成功与其营销方式密切相关，其中，危机营销不得不提。

2018年3月30日，网上出现了一篇名为《震惊！星巴克最大丑闻曝光！我们喝进嘴里的咖啡，竟然都是这种东西……》的文章，这篇文章提出一个对星巴克非常不利的观点：喝咖啡会致癌。

这篇文章在网上引起轩然大波，许多网友都表示十分震惊，星巴克也一时间陷入争议中。

在这种情况下，星巴克公司紧急公关，第一时间在媒体上怒斥网上不实报道。并让权威媒体帮助公关，发动了不仅有国内媒体还有国际媒体，不仅有纸媒还有网络媒体。很快，网友的评论方向就从对星巴克不利转向了有利。

同时，星巴克官方召开记者会，发出声明针对网友的质疑进行正面回答，表示出对这件事的高度重视，出面澄清，详细回答记者的提问。

最后，为巩固胜利的"果实"，星巴克再次利用媒体的力量，在微博上发布了一些关于医疗、房价、油价等问题的内容，对一些不实报道行为进行谴责和声讨，转移了公众视线。由于每一条内容都是大众关心的，受到很多粉丝的关注，很多人纷纷转发和评论，有利于这一事件。网友逐步意识到，网络不实信息的危害，也间接

> 地让星巴克从负面中走了出来。
>
> 短短的两天时间，星巴克就解决了这个问题，让大众原谅了星巴克，并且渐渐遗忘了这件事。

综上所述，星巴克这次公关是十分成功的，对危机的处理也十分及时妥当。当出现危机时，十分重视，没有因为不是事实而不理会，最重要的是发动媒体的力量、召开发布会进一步辟谣，将事情的来龙去脉给消费者讲清楚。

当企业出现危机的时候，最重要的是态度，如果企业自身没有作为，那么危机就永远是危机，问题也得不到解决。如果在危机之后，有个十分端正的态度，坦诚，及时承认错误，采取积极的措施，就可以力挽狂澜，化被动为主动，顺利解决问题，甚至不受危机影响，扩大企业知名度，提高美誉度。

18.1　危机营销：不要浪费一场"好"危机

危机营销是指企业在面对危机和困难时，进行的一系列拨乱反正的营救措施，以最大限度地消除危机带给企业和品牌的不良影响。

任何一家企业在发展过程中都不会一帆风顺，就像一条行驶在大海上的船，总会遇到大风大浪。遇到危机不可怕，可怕的是没有危机处理意识和能力。当危机发生后，企业如果能及时有效地处理，就可以险中求胜，化被动为主动。

一家企业，遇到危机是十分常见的，只要能够冷静、正确地处理，就能转危为安。那么，企业在面对危机的时候应该如何应对呢？可以从如图18-1所示的三个方面入手。

图18-1　企业应对危机时的具体措施

（1）负责人要有很强的危机意识

一家企业如果有危机营销的能力，那么这家企业的负责人一定是有危机意识的人。对于出现的问题，无论是否是事实，都要主动向顾客公开，主动承担责任，然后提出解决办法。不能抱有任何的侥幸心理，等待问题自行消除，这样才能保证不处于被动的位置，保护好企业的名誉。

（2）建立以品牌为中心的安全管理链条

企业需要建立以品牌为中心的安全管理链条，将品牌采购、生产、存储、销售等流程囊括在内，以便对自己品牌的生产、品牌的材料、合作供应商等进行监控，当品牌出现了问题，企业能在第一时间知道，而且对于品牌出现的问题、问题出现的原因、所产生的影响能科学地预估。

这对危机营销采取措施起着十分重要的作用,只有对这些情况了解,才能及时消除大众的疑问,找到问题所在,这也是企业执行力的一种体现。

(3)建立完备的危机处理应急机制

为防止危机全面恶化,将企业损失降到最低,需要实现建立完善的危机处理应急机制,以保证危机发生之后,在第一时间采取措施,控制住局势。这反映的是一家企业处理危机的综合能力。

反之,很多企业往往是在出现问题后,再召开临时会议,制订解决方案,这样,问题也有可能会得到解决,但效果往往会很差。对危机的处理,贵在速度,处理得越及时越能消除负能量。

18.2 化解危机、转危为安的技巧

随着网络的发展,自媒体的崛起,危机一旦发生,其传播速度是非常快的。这也导致很多企业在处理危机上面临诸多新挑战,大大弱化了品牌效应,给企业造成巨大损失。

在发达的网媒时代,企业如何应对危机,并积极利用其重塑形象、推广品牌、转危为安,这是企业危机营销必须解决的问题。

案例1

2008年7月24日,有网友在网上发表名为《康师傅:你的优质水源在哪里?》的文章,文章中直指康师傅的水源问题。

网友有这样的质疑是因为康师傅在广告中有这样一句话：选取优质水源。正是因为"优质水源"这四个字吸引了大量的消费者，而这篇文章正是基于此而遭反驳。文章一经发表，在网上引起了轩然大波，许多网友开始对康师傅进行质疑，并且声称康师傅涉嫌广告虚假宣传，欺骗消费者。

随后康师傅公司的代表出面澄清，声明康师傅公司生产的矿泉水是通过城市自来水过滤而来，符合国家矿物质水的标准，请消费者放心饮用，这一声明立即引起大众关注。

舆论持续一个月后，康师傅公司的代表公开向社会大众道歉，虽然道歉了，但是代表在发布会上的表现并没有让社会大众满意，很多人都指责代表没诚意。

其监管部门为康师傅说明：对于广告词中的"优质水源"是给了消费者错误的认识。对于"优质水源"，目前没有唯一的界定标准，是一个很模糊的词汇，所以造成了社会大众的误会。对此业内人士表示生产矿泉水，如果是使用非天然水源的矿物质水，那么没有必要在瓶身标注矿泉水的产地。

康师傅失去了大量消费者，最重要的原因是解决问题的行动力不强，康师傅公司在事发后一个多月才召开发布会，向社会大众道歉，态度不诚恳是让社会大众失望的根本原因。因此康师傅背弃了对消费者的承诺，失去了社会大众的信任。

危机营销的关键是将危机巧妙转化为机会，那么，如何实现这个转化呢？这是有技巧的，具体做法如图18-2所示。

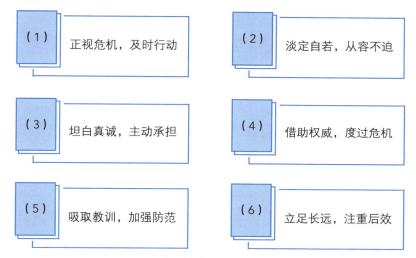

图18-2 危机中实现转危为安的技巧

（1）正视危机，及时行动

虽然营销危机是一件让人十分烦心的事情，但是要及时解决，在危机发生后第一时间采取措施。有了积极的态度，主动去解决问题，去采取行动，将危机的影响降到最低，这样才能有利于危机的解除。

曾被央视3·15晚会曝光的麦当劳，在晚会当晚开播三小时之内，第一个站出来回应。其官方微博声明被微博和互联网媒体广泛转发，至少从回应速度和态度上，已经获得媒体的响应。这也给他们最大范围免费扩散反应和弱化负面影响的机会。

（2）淡定自若，从容不迫

不管发生什么事，淡定是一件非常重要的事情，越是慌乱，越不能解决问题。淡定从容地面对危机，做一个解决问题的计划，将问题解决才是最重要的。没有冷静的头脑就不能将问题彻底解决。

（3）坦白真诚，主动承担

营销危机是对企业的一个考验，是对企业和消费者关系的一个考验，企业在处理营销危机问题时要真诚坦白，对大众说出真相才能避免更多的问题出现。有问题就解决问题，让大众看到企业有一颗想要进步的心。不躲不闪，勇敢面对，才能将问题解决，逃避和说谎都只会让问题更加复杂。

（4）借助权威，度过危机

一家企业问题的出现可能会涉及很多方面的原因，为此，企业要想知道问题的根源需要借助社会上的一些专业部门来评定事情的严重性。将专业部门的报告呈现给大众，这样会减少大众对营销危机的猜测，也能让大众看出企业对危机的重视，工作的严谨程度。然后让这些专业部门给出专业的解决方式，借助它们的力量度过危机。

（5）吸取教训，加强防范

真正能让企业发展和进步的还是营销危机，一帆风顺未必是一件好事，通过营销危机，企业可以对危机进行分析，知道企业工作中哪里存在问题，通过问题来查漏补缺，这样工作更加有目的性。每一次吸取的教训，每一次的成长都会带给企业进步和发展。正确看待危机，吸取教训，加强防范，企业就会越来越好。

（6）立足长远，注重后效

危机营销既要着眼于当前危机事件本身的处理，又要立足于企业形象的塑造，要从全面、整体高度进行危机营销，争取获得多重效果和长期效益。

20世纪70年代通用公司的洗碗机是全新产品，但销路不甚理想，原因是有消费者发现洗碗机漏水。虽然洗碗机的合格率控制在95%以上，但毕竟还有5%的漏水。通用的决策者没有只采取收回等简单的应对措施，而是从消费者利益出发，以质量为重，立足长远，标本兼治，从设计方式和业务流程入手，彻底解决漏水问题。通用的负责精神和前瞻意识成功了，他们控制了北美70%～80%的洗碗机市场。

18.3 制订预案：根据危机性质制订精确预案

危机是管理工作中不可避免的，所以必须为危机做多方面的准备。当危机发生之后，企业如何做到及时做出处理？那就是凭借完善的危机处理预案。比如危机处理预案，包括行动计划、通讯计划、建立重要关系等。

危机处理预案是企业对危机的未雨绸缪，只有有了处理预案，才有应对危机的信心，这是企业处理危机的最基本保障。

案例2

某化妆品公司遭到消费者投诉，消费者声称她在店里购买的爽肤水存在某项物质超标的问题。当消费者带着问题品牌和发票来到公司时，相关人员立刻接待了她，当场给消费者道了歉，并承诺将会按照公司流程对问题品牌进行质检，如果投诉属实，一定会赔偿她的损失。

事后，公司按照应急预案中的流程，第一时间将问题品牌送到质检处，一天之后，质检结果显示，果然存在超标物质。情况确定以后，该化妆品公司立刻对当事人进行公开道歉，退还购买品牌的款项，承担因此而造成的医疗费及一定的精神赔偿费。

同时，按照预防，公司实施第二步保护措施，召回问题品牌。全网公开号召所有销售这款护肤水的销售商、代理商返还品牌。向购买该批次品牌的消费者公开道歉，声称企业工作中出现了疏忽，表示已经追究相关工作人员的责任，曝光了化妆品生产公司的行为，保证今后的工作一定会加强监督和管理，对所有的合作公司都会进行严格考察。

由于处理及时，造成的后果并不是很严重。召回问题产品、全额退款、及时道歉等将危机的负面影响降到了最低。虽然也被危机推上了风口浪尖，但是没有遭到一个网友的谩骂，反而都在夸赞公司坦白诚实，敢于承担，勇于面对。

此后，该公司因为主动承认错误收获了更多的消费者，产品的销量不降反升。以上案例说明，危机处理预案是多么重要。

那么，如何制订危机处理预案呢？具体步骤如图18-3所示。

第18章
危机营销策略：很多机会往往就潜伏在危机之中

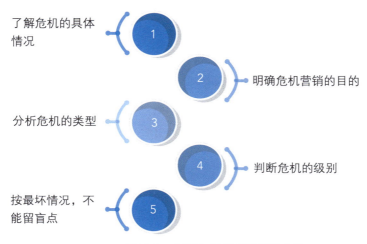

图18-3　制订危机处理预案的步骤

（1）了解危机的具体情况

作为处理危机的管理人员，一切都要有大局观，善于从总体上把握事件的来龙去脉，了解关于危机的一切动向。当危机发生之后，相关人员要知道发生了什么事情，为什么会发生这样的事情，事情的前因后果是什么。

（2）明确危机营销的目的

在制订预案之前，一定要明确这次危机营销的目的是什么，是为了维护企业利益，不受危机影响，还是消除在消费者中的负面影响。常见的有四个，分别为挽回经济损失、消除在消费者中的负面影响、维护企业形象、完成预期目标。

需要注意的是，危机营销的目的有时候是多重的，有时候是单一的，但原则上组织一场营销活动，不建议设置太多目的。换句话就是，目的一定要聚焦、明确，一次活动最好解决一个问题。

（3）分析危机的类型

分析危机类型是很重要的一步，对于企业来讲，不同危机的影响不一样，危机处理的原则也是不同的。

危机的常见类型有四种，如图18-4所示。

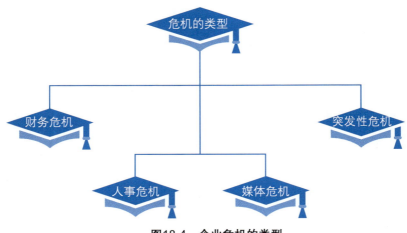

图18-4　企业危机的类型

确定危机的类型之后，就要确定参与营销的人员和具体职责，每一个部门、每一个职员的职责都必须明确。

（4）判断危机的级别

前面已经将危机分成不同的类型，分类之后就要确定如何识别危机，通过危机的不同来源确定危机的类型。

识别危机之后要判断危机的级别，不同级别的危机对于企业的影响不同，企业要采取的应对方式也不同。对于不同级别的危机，应该如何应对，如何避免，如何预防，这些都是要考虑的。针对每种危机都要制订详细的方案，这样，无论出现什么情况都可以按照应急方案、流程去处理，而不慌乱。

（5）按最坏情况，不能留盲点

应急预案要按最坏的情况设计，不能留盲点。例如，美国在1991年发动第一次海湾战争时，一家危机公司为美国政府模拟了128种可能出现的危机，并逐一分析其发生的概率，并制订了相应的危机预案，对发生概率高的状况更是格外重视。虽然其中有许多都没有发生，但可以想象，一旦发生，有一套完整的应急方案将会减少不必要的损失。

一般情况下，企业采取的应急程序都是发现危机—报告经理—部门经理报告应急经理，由应急经理来对情况进行掌控和控制—应急经理对危机进行分析，确定危机级别—找出预案—调查情况的同时制定应对措施—采取行动，处理危机。

18.4 善于公关：危机发生需要做好公关工作

危机公关又称危机公共关系，它与危机营销十分相似，但还是有一定区别的。危机营销是企业的一种营销策略，目的是最大限度地减少危机对企业、对品牌的负面影响；危机公关则是一种自救行动，是针对危机企业采取的一系列自救行动，比如，消除危害、修复品牌形象等。

面对危机,企业必须做好公关工作,在发生危机后迅速制订一套科学、完善的公关攻略进行自救。

案例3

2018年4月12日,两名非洲裔美国男子进入位于美国宾夕法尼亚州费城的一家星巴克。因为只是找个地方等朋友,这两个人并没有点餐,随后两个人想要借用卫生间。

店员却因为两人没有点单而拒绝让他们使用,双方发生矛盾。而星巴克方以非法入侵为由报了警,致使矛盾激化。

后来,这件事就被网友拍成视频上传到网络上,并且配了非常敏感的文案:种族歧视。这个视频瞬间引起在美非洲裔的强烈不满,舆论四起。

随后,星巴克首席执行官立刻在网上发表声明,表明自己坚决反对种族歧视,对于发生这件事深感抱歉,一定会对事情进行深入调查,同时向两名男子深表歉意,一定会想尽办法弥补两人。不久,星巴克与两名男子达成和解,承诺支付两个人上大学的费用。

之后,星巴克首席执行官命令美国所有的星巴克店面停业修整,给员工进行"反对种族歧视"的培训。随后发出声明,来到星巴克的就是顾客,不管是否消费,都可以使用星巴克的卫生间。

好的公关是一套完整的体系,每一步都有具体内容,而不是想做什么做什么,具体包括以下步骤。

（1）加强对危机的经验总结

企业出现危机说明之前的工作是有失误或过失的，每一次企业顺利地度过营销危机都要做一次总结，总结危机出现的原因，总结危机出现的位置，对这些原因加以分析，对出现问题的部门加以更加严格的掌管和监督，避免再次出现问题。

（2）安抚消费者和社会大众

企业出现危机，恐慌最大的就是消费者，他们会立即对企业产生怀疑，很容易放弃企业。其次是社会大众，给社会大众带来恐慌。所以危机出现之后，除了发表声明，企业还要采取实际措施，想办法安抚消费者和社会大众，给他们一个解释，让他们安心。

在品牌的计划上要更加细心，和消费者的沟通要更加频繁，让消费者感觉到企业对他们的重视。当危机出现的时候，消费者就会给企业更多的体谅。在企业的形象上也要下功夫，做好形象公关，多做慈善等。这些都对企业形象的恢复有帮助，扭转危机给社会大众造成的坏印象。

（3）居安思危，整个企业都要反思

一个危机的出现，责任不是一个人，也不是一个部门，而是整个企业。在公关过程中，要对企业的所有品牌和服务文化进行质量检查，有则改之，无则加勉。开除一个员工解决不了危机，只有从根本上解决问题才能保证不重蹈覆辙。发展企业的品牌和文化，让企业的内部更加团结。

第19章

视频营销策略：

将品牌打造成超级"网红"

第 19 章
视频营销策略：将品牌打造成超级"网红"

案例导读：优酷土豆

东方卫视在播放《何以笙箫默》期间，电视机旁的观众不仅能看到明星的精彩演出，同时，还可以掏出手机扫一扫，进入天猫购买明星身上所穿的同款服饰，实现"边看边买"的新型购买模式。

与此同时，优酷视频也与阿里巴巴合作推出了"边看边买"的服务，即在视频内容中植入阿里巴巴的购物通道，用户在观看视频的时候就可以进入阿里巴巴，直接购买视频中出现的商品，等整个视频内容播完以后，网站会提醒用户已将××件商品放入了购物车。

其实这就是一种新的营销模式——视频购物，即通过视频这个媒介来实现间接的商品销售。这与传统的在视频中植入广告宣传是完全不同的，而是一种更深层的合作。对于这种模式，优酷总裁表示，全网ID（用户数据）的融合将带动视频电商的新模式，他认为，如果一个平台上既有影像视频观众的数据，又有消费行为和消费数据，整合这两类数据的价值将是难以估量的。

以优酷土豆为例，优酷土豆每个月覆盖了5亿用户，5亿用户当中每一天所有用户加起来看的视频时间超过1万年，如果能够把商品信息很好地结合在视频内容中，能产生的收入和购买流量将相当巨大，形成崭新的商业模式。

"边看边买"视频直播模式也被业内人士称为F2O，即Focus to Online，依托时下剧集热点，借助视频的影响力，电商迅速推出剧中同款，能够有效地满足剧集大热而带来的瞬间激增消费需求，短时间制造话题，成功打造爆款。

19.1 视频营销，助力品牌上头条

视频营销是指企业将拍摄的视频以广告植入、宣传片、微电影、短视频的形式，放到视频平台上播放，达到品牌宣传和产品营销的目的。

根据播放时间长短，视频分为长视频和短视频。长视频一般指30分钟以上的视频，短视频则是针对长视频而言的，是指在5秒至30分钟之间的视频。

与其他营销方式相比，视频营销起步较晚，尤其是短视频营销，在2015年后才出现。最先涉足视频营销的是互联网品牌，腾讯、网易、乐视、陌陌、小米等；其次是短视频平台，利用平台进行视频带货，带动消费等。当短视频平台大量兴起后，品牌开始集中发力视频营销，通过短视频实现了树立企业形象、提升品牌知名度、吸引用户消费的目的。

从目前的发展态势看，短视频发展更为迅猛。随着5G网络、智能手机以及社交平台的发展，短视频2015年后发展非常快，对品牌的带动也很大。

短视频对品牌的带动，主要表现为微电影、纪录短片、DV短片、广告片段、短视频带货等。来势汹汹的短视频与各行业联姻，正在成为品牌营销的新途径，形成"短视频＋营销"的庞大阵营。

短视频受到社会各界的关注，使得短视频营销逐渐成为品牌营

第 19 章
视频营销策略：将品牌打造成超级"网红"

销的新模式。短视频构建的是一个多媒体的流量入口，造就了一个个"网红"品牌。

案例1

圣罗兰是一款知名国际奢侈品牌，该品牌主要经营时装、化妆品、香水、箱包、眼镜、配饰等。曾邀请了10位腾讯微视的KOL为新口红拍摄分享种草类短视频，这一举措增加了品牌的曝光度，加深了用户对于品牌的信任度和好感，成为企业品牌营销的新方向。

案例2

海底捞结合时下最热的短视频，直接进行产品和服务营销。在视频中，首次公布新品捞派滑牛肉的"捞派秘方"，短短两分钟的视频深情演绎了海底捞"久煮不老"的传说，部分截图如图19-1所示。同时，附送了三种创意吃法教程，让消费者在家也能做出火锅底料，享受不一样的美味。

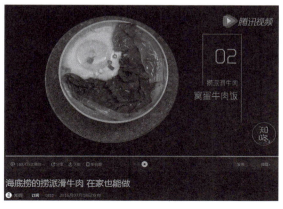

图19-1　海底捞"久煮不老"的传说视频

案例3

联合利华通过微视频为其调味品品牌家乐进行了主题"熬·出真味",时长两分钟的宣传活动,并在微信公众号、朋友圈广为传播,如图19-2和图19-3所示。视频中演示了多种菜肴的烹饪方法,通过烹饪的过程,强化消费者对该品牌调味品的了解。

图19-2 "熬·出真味"
微信公众号视频

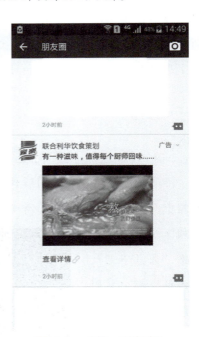

图19-3 "熬·出真味"
微信朋友圈视频

短视频出现之前,像这样的宣传和推广,多半需要邀请媒体报道,才能获取大量用户关注。而短视频营销由于具有时间短、趣味性强的特点，逐步成为品牌宣传的重要工具，而消费者也因为短视频具有强互动性、强娱乐性更愿意参与和互动。可见，短视频营销在未来将会成为一个主流与趋势。

圣罗兰、海底捞、联合利华等品牌已经用事实诠释了营销界的观点："在社交媒体多元化的大趋势下，品牌商业化信息推广和用户针对社交平台所需要的信息其实并不存在冲突。"

19.2 视频营销的3个优势

目前已经有很多品牌开始做视频营销，并取得了不凡的业绩。那么，视频在品牌营销上有哪些优势呢？具体表现在以下三个方面。

（1）互动性强

视频的最大特点就是可现场播放，即时发布，可实现与消费者的零距离互动。基于视频的及时性和实时性，品牌在进行传播和推广时，通常会把企业和消费者发生的或者来自消费者参与的（如企业线下活动），以及那些能够体现企业文化和品牌理念的故事，通过视频快速传播，引发消费者互动。图19-4为宝马中国的微视频营销广告。

图19-4　宝马中国的微视频

(2) 易接受性

利用视频，品牌方可与消费者进行面对面的交流与沟通，进行品牌营销时，通过与消费者之间的互动话题或活动，进行碎片化渗透。视频营销在某种程度上让品牌方可以以倾听者的姿态接近消费者，与消费者亲密互动，搭建一种更信任的关系。

(3) 传播范围广

短视频传播范围广，能在很短的时间内被用户转发，传统营销难以实现信息的快速扩散，即使拥有众多关注者，其影响范围也有限。营销中的信息传播次数越多，产生的影响才会越大，短视频营销传播是呈几何倍增长的，而且视频后面的评论也是个很好的沟通途径，通过评论、回复等可进行即时沟通，某种程度上这也是一种间接传播，如图19-5所示为某视频下的评论区。

图19-5　某视频下的评论区

19.3 常用的视频营销平台

视频的上传、播放、分享以及与粉丝互动,都依赖于平台。换句话说,做视频营销必须先在某个平台上注册账号,然后通过账号的管理和运营实现品牌营销。视频平台分为传统长视频平台和新型短视频平台。

传统长视频平台有腾讯视频、搜狐视频、360视频等;新型短视频平台有B站、快手、抖音、美拍、微视、秒拍等。虽然都是视频运营平台,但不同的平台功能也有所差异,如表19-1所列是常用的视频平台及主要功能。

表19-1 常用的视频平台及主要功能

类型	名称	主要功能
传统长视频平台	腾讯视频	在线视频媒体平台,以其丰富的内容、极致的观看体验、便捷的登录方式、多平台无缝应用体验为特色
	搜狐视频	门户网站第一个视频分享平台,提供正版高清影视剧、综艺节目、纪录片在线观看,网罗最新最热新闻、娱乐视频资讯,实时直播各大卫视节目,同时提供免费无限的视频空间和视频分享服务
	360视频	一个汇聚多个主流视频网站的视频资源平台,并可对各种视频资源进行精心整理重构,形成自己的视频数据库,以搜索、推荐等方式提供给用户,让用户一站式地了解所有能看到的视频,快速找到想看的视频
新型短视频平台	bilibili	又称B站,创建于2009年6月,早期是一个ACG内容创作与分享的视频网站,现已发展成涵盖7000多个兴趣圈层的多元文化社区。后发展成为一个"年轻世代"高度聚集的文化社区和视频平台

续表

类型	名称	主要功能
新型短视频平台	快手	是由快手科技开发的一款短视频应用App，于2013年正式上线，该App可以用照片和短视频记录生活的点滴，也可以通过直播与粉丝实时互动
	抖音	是由今日头条推出的一款短视频分享软件，于2016年9月上线，是一个面向全年龄段的音乐短视频社区平台。为用户创造多样的玩法，用户可以通过这款软件选择歌曲，拍摄音乐短视频，形成自己的作品并分享给平台上的用户
	美拍	美图秀秀出品的一款短视频社区。主打拍摄切入，以优质的MV效果，让用户参与到创作中来，让用户在美拍里成为主角，从而也激发了用户自身的传播
	微拍	国内首款基于手机的微视频社交应用，支持20多种实时炫彩特效，可以一键创造最炫最好玩的视频日记，在线直播，并通过手机和朋友们直接分享与互动
	秒拍	炫一下科技有限公司推出，主打10秒短视频。特色是水印和变声功能。40多种不同个性动态视频水印，彰显你的个性！独家提供视频实时变声功能，可再现蜡笔小新、汤姆猫、地方方言等好玩声音，让视频更好玩

平台不同，效果也不同，这都源于平台功能的差异。对于视频营销来讲，运用最多的是短视频社区/平台。原因主要有两个，一个是操作便捷，品牌方可根据自己的需求自主上传、编辑或下架；另一个是功能齐全，可再现不同的视频效果。

第20章

直播带货策略：

直播将成为品牌营销标配

案例导读：蘑菇街

蘑菇街，一个专注于时尚女性消费者的电子商务网站，提供衣服、鞋子、箱包、配饰和美妆等销售与服务，近些年来深受年轻女性、爱美姑娘的青睐，市场份额不断扩大，甚至将商品卖到了海外。

2016年6月23日上午（纽约时间）蘑菇街把在线直播实时同步到了纽约时代广场。蘑菇街旗下的敏恩、Demi爷爷等15名红人主播，"霸占"时代广场大屏幕，进行美妆、服饰搭配等时尚内容的直播。

蘑菇街的直播视频出现在世界上最繁华的商业街——曼哈顿心脏地带的纽约时代广场，无疑为提升品牌影响力、品牌知名度和进军国际市场奠定了良好的基础，是"吸引全球目光"的最佳窗口之一。

蘑菇街这次进军国际市场，采用了"直播＋户外广告"的方式。这是一种新方式，很多企业都没有做过。事实上效果非常好，可更直观地将线上商品带入人们生活的线下体验中。当具有中国特色的"网红""霸占"了一块块万众瞩目的大屏幕时，通过大屏幕向观众分享美妆和服饰搭配心得时，吸引了很多路人的目光。与此同时，观众也可以直接打开手机实时互动、购买。

蘑菇街这次营销可以说是对"网红＋直播"营销模式的创新，以直播为媒介，网红为主角，很好地实现了个人品牌的商业变现。

> 树立具有辨识度的个人品牌，收获粉丝的认可与追随，实现变现，塑造出蘑菇街社交电商的社区风格。

蘑菇街这次采用"网红+直播"的营销方式充分体现了直播在营销活动中的巨大优势。具体体现在三个方面：第一，可抓住用户的精准需求；第二，网红的带入，给人以更好的体验；第三，良好的互动，链接了线上线下。众所周知，蘑菇街的最大用户群体是20岁左右的年轻女性，她们潮流、时尚，热爱追随。而直播网红分享的美妆、服饰等内容正与她们的兴趣完美契合。再加上城市商业街、核心商圈及中心广场，往往是消遣娱乐的线下聚集地，直播提供的多种互动方式，使线上线下转化更便捷、更畅通。

20.1 直播带货大势所趋

最近两年，直播带货这个概念非常火爆，尤其是疫情之下，直播带货更是成为许多品牌面对黑天鹅的"救世主"。这也让很多企业的市场部变得越来越焦虑，本来按照自己市场部节奏进行的品牌推广也被冲击得七零八落，被迫进入本不熟悉的直播带货领域。

其实，纵观视频平台的直播数据，直播带货确实有很多好处，它能让产品在线上实现最大限度的可视化，能够快速提升销量，能够让投入产出比更加清晰。作为一种新兴营销工具，较之传统营销工具，直播表现出了很多优势，尤其在信息传播方式、互动性上是传统营销工具无法比拟的。

2016年被誉为直播元年，2017年初业界便推崇移动直播领域为新的风口。主推全民直播的映客、花椒，主推游戏的龙珠、斗鱼等直播平台纷纷砸钱发力。直播，已经成为移动互联网时代最具发展前景的传播媒介，会有越来越多的企业加入直播行列中来。

随着直播平台的增多，直播用户的增加，尤其是一大批网红主播带来的"网红效应"，直播营销已经成为很多企业非常主流的一种营销方式。之所以这么说，主要有以下几点考虑。

（1）直播平台大量出现，用户激增

直播平台的出现是直播得以快速发展的基础。2014—2016年，我国直播行业进入了一个爆发期，主流视频网站纷纷入局，直播平台和用户数量双双快速发展，平台先后涌现出近千个，用户数量也是极速增长，多达3.5亿。在经历了三年的爆发式发展后，直播涌现出很多问题，随之国家出台诸多相关政策，直播行业进入整顿期。

在2017年后的整顿期，直播行业发展速度尽管有所放缓，但却一步步走向规范和成熟，平台优胜劣汰，用户稳步增长，截至2020年用户规模增至5.26亿。

（2）网络环境进一步改善，5G普及

2019年以来，我国的基础网络、宽带业务发展非常快，有了完善的网络体系，5G逐步普及，越来越多的3G/4G用户开始转向使用5G。

2019年6月6日，5G商用牌照颁发，之后中国移动、中国联

通、中国电信三大运营商开始5G网络基础建设和测试，公布5G商用套餐。

（3）智能手机、移动设备的大量应用

智能手机、移动设备的应用是直播发展的另一个重要条件。现如今，很多直播都是通过移动设备来完成的。这正是得益于智能手机、移动设备功能的优化改进，如智能手机、平板电脑像素的提高、CPU、GPU、内存等硬件配置的升级，从而使视频给观众带来了更好的视觉感受和体验。

（4）各大直播平台的不断优化和创新

直播平台不断优化和创新功能，降低了用户的直播门槛。比如美拍提供了MV特效功能，不仅提升了制作视频的趣味性，还可以使本身没有这方面技术的人也能制作出效果良好的视频。同时产品的多样性，也满足了各种用户的差异化需求，激发用户的自传播。

直播平台的出现，使各种直播迅速走红，昔日的门户网站等平台风光不再，一些平台积极寻求变革，争先布局直播领域。如腾讯、网易等门户网站，今日头条等个性化资讯平台，淘宝、小米、360等互联网企业都开通了自己的直播频道，抢夺直播带来的红利。

（5）人们获取信息的思维、习惯在改变

随着互联网的发展，传播媒体不断变化，人们获取信息的思维、习惯也在不断改变。如在互联网普及之前，人们获取信息的渠道大都是通过报纸、电视等传统形式；随着互联网的广泛运用，网络、微博、电子书逐渐取代了传统的形式，但大部分仍局限于PC

端；而最近几年，移动互联网迅速崛起，人们又开始转向了智能手机、移动设备，看新闻、看电影只要一部智能手机就够了。

20.2 直播下的流量效应

直播，是新媒体时代又一个重要的营销工具，它的出现使网络营销不再局限于文字、图片等简单的交流，而是打通了人的视觉、听觉上的系统，给人以更直白的感受。这无疑使买卖双方能够进入更高层次的互动，而有了互动就有了忠诚度，有了黏性，有了忠诚度和黏性就会有销量。

这个优势就是网红的带动，直播直接催生了网红，而网红往往又自带流量，流量就是转化为销量的最可靠保障。现在很多企业纷纷通过网红去建立自己的直播营销体系，途牛旅游、百合网先后与花椒直播建立了战略合作，利用花椒平台上的网红做各种营销；酒仙网、丰厚资本在与《大佬微直播》合作后，品牌被更多人知道，销量也呈爆发式增长，而它们的创始人本身也成了网红，如酒仙网CEO郝鸿峰、丰厚资本创始合伙人杨守彬等。

企业利用网红来进行直播营销，首先就是拥有网红，打造网红，那么，企业究竟该如何拥有自己的网红？一般有以下两种途径。

（1）高薪聘请

高薪聘请即与已成名的网红合作是一种较省时省力的方法，可以充分利用网红的社会影响力迅速打开市场。

第 20 章
直播带货策略：直播将成为品牌营销标配

案例1

爱茉莉太平洋是享誉全球的一家韩国化妆品集团公司，它的一款洗发水品牌"吕"因邀请中国美容领域的十多名网红参与，从而打进了中国市场。该公司邀请这些网红做从头皮护理、洗发到彩妆的"全套直播"。同时，包括将他们直播的内容、出席的线下活动等分别发至自己的社交平台，吸引了大批粉丝观看。两个月后，"吕"在中国的月销售额就创下1300万元的纪录。

该品牌的相关负责人说："看到销量激增，切实感受到了传闻中的'网红'效应。""我们计划本月将邀请'明星级网红'，并将活动的全过程拍摄成视频。"

需要注意的是，这类方法也有其劣势，那就是成本较高。就像曾经邀请名人代言一样，网红也需要支付一定的费用，而且随着一些不良媒体、平台的"炒作"，网红价格也一路水涨船高。再者，聘请的网红只能解决一时的需求，无法形成稳定、系统的营销模式，无法为粉丝提供持续有力的直播与服务。

（2）自己培养

培养自己的网红也是打造网红的一种途径，自己培养网红成本低，更重要的是可使网红的调性与产品特征、粉丝需求更契合。

案例2

美宝莲在一次新产品发布会上就采用了自己的网红直播形式，

他们用50名网红参与这场活动,并对整个盛况进行了直播,赢得了众多粉丝的关注。活动结束后,统计显示有超过500万人次观看,品牌得到了大幅度曝光。

利用这次新品发布会的直播机会,美宝莲官方直接卖起了产品,直播页面下面出现了一个购物车的小标志,观众只需要进行简单的操作就能下单。

官方这一举动直接让大家的注意力转移到了产品上面,销量达到了惊人的10000支(转化成实际销售额约为142万元)。

要销售什么产品就需要相应的网红,如卖美妆,当然就需要美妆网红;卖衣服就需要服装类网红;卖冬虫夏草就得培养藏族网红;卖意大利红酒、美食就得培养意大利厨师网红。

反过来想一下,如果一家卖红酒的企业找了一个服装类网红合作,效果肯定差强人意。理由就是粉丝调性不同,即使有几百万的粉丝,购买率也不会很高。因此,在吸收一部分名气较大、细分能力强的社会网红资源的基础上,还需要有一批自己的网红,形成网红矩阵。这就需要企业自行培养一批,这些网红要充分了解企业,与企业的调性相符合,且能全心全意服务于企业。

"粉丝经济""颜值经济""红人经济"遍地开花,企业应该明白,必须重视直播带货在营销中的作用,且要有培养自己主播的意识。使网红效应与企业利益更好地融合,融合越深,品牌推广才有更大的空间。

20.3 更容易抓取目标受众

做任何方式的营销最难搞定的就是寻找目标用户,这也是困扰营销策划者、推广人员的一大难题,直播带货在抓取目标受众上有很多优势,相对容易,成本低。因为喜欢看直播,喜欢在直播上购物的群体,本身就比较精准。企业如果采用直播展开营销,就意味着基本上已经锁定了目标人群,如果再根据自身条件将具体要求进一步缩小,那么用户就会更加精准。

根据相关统计数据分析结果发现,观看直播的人整体上呈现出年轻化的特征。15~40岁的人占80%以上,其中25~30岁的人最多,占36.60%;性别上以男性为主,地域上集中在大、中城市,收入以中等人群居多。

直播受众人群年龄特征示意图如图20-1所示。

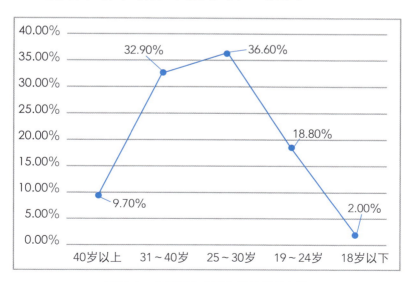

图20-1　直播受众人群年龄特征示意图

直播受众人群性别特征示意图如图20-2所示。

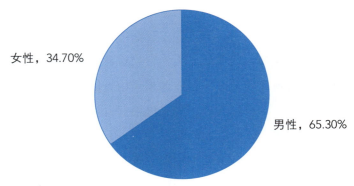

图20-2　直播受众人群性别特征示意图

直播受众人群地区分布示意图如图20-3所示。

图20-3　直播受众人群地区分布示意图

从图中不难看出，关注直播的人群绝大多数为80后、90后，有着中等收入的都市男性。90后可以说是伴随着网络一路高歌成长起来的，享受着网络所带来的高效与便捷，他们对直播有着一种独特的情感，工作、学习以及生活的衣食住、吃喝玩、娱乐、交友等都离不开网络。他们总是希望及时了解最前沿的娱乐资讯、最真实的新闻事件、最好看的景区实景、美食的制作过程、生活中的实用技巧……

正是有着这样特殊的群体，直播才能很快发展起来。某种程度上说，正是这一人群的关注，网络直播平台才得以有如此大的影响力、曝光度。

其实不只是80后、90后，包括更小的一代人00后也喜欢看网络直播。截至2017年，2000年出生的第一批人已经步入大学，而大学生则是网络直播的忠实粉丝，他们对直播的痴迷程度更为惊人。

20.4 互动性强，用户黏性高

直播互动性非常强，主播与用户可以展开即时沟通，如送礼物、弹幕、留言等多种形式。而这些互动正是企业进行移动互联网营销所需要的。其实互动一直都是营销活动中最不可或缺的一个环节，传统营销中有线下互动，网络营销兴盛起来后又有了各种线上互动，最具代表性的就是微博、微信等自媒体营销。因此，做移动营销也必须要有充分的互动，而直播这种媒体可以最大限度地满足各方的互动需求。

互动，就是让观看者全方位地参与进来，并在观看直播的同时通过打赏、送礼物、发言等形式与主播沟通。目前，所有的直播平台都有互动功能，主播可以随时与观看者展开互动。

另外，观看者在观看的同时也可进行分享或转发，将自己感兴趣的，或者认为有用的信息分享到自己的直播账号，或转发给第三方平台，如朋友圈、QQ空间等。

大多数直播平台的开放路径已经逐渐清晰，如将直播内容分享到QQ、微信朋友圈、腾讯微博、新浪微博等。这样一来，就打通了直播与QQ、QQ空间、腾讯微博、微信朋友圈等各个平台的通道，有利于直播营销实现多渠道的推广，更好地融入整个互联网营销的生态系统中来。

直播社区/平台的开放性决定了其必定是一个合格的营销工具，视频的上传者只要有好的创意、好的产品、好的服务，就能够在这个大舞台上播出自己的特色，让整个生态圈和谐发展。"人人媒体时代的到来，挡都挡不住"，这曾经是微博时代的专家对于微博的解读。在直播时代一定有过之而无不及，只要直播的内容有趣、有价值，足以打动人心，就可以获得更多的关注、更多的分享。